LEIS PENAIS ESPECIAIS

(atualizado com a Lei n. 13.964, de 24 de dezembro de 2019 – Pacote Anticrime)

intersaberes

Samuel Ebel Braga Ramos

inter saberes

Rua Clara Vendramin, 58 . Mossunguê . Cep 81200-170 . Curitiba . PR . Brasil
Fone: (41) 2106-4170 . www.intersaberes.com . editora@intersaberes.com

Dados Internacionais de Catalogação na Publicação (CIP)
(Câmara Brasileira do Livro, SP, Brasil)

Ramos, Samuel Ebel Braga
Leis penais especiais / Samuel Ebel Braga Ramos. -- Curitiba, PR : Editora Intersaberes, 2023. -- (Série estudos jurídicos: direito criminal)

Bibliografia.
ISBN 978-85-227-0626-6

1. Direito penal - Jurisprudência - Brasil 2. Direito penal - Legislação - Brasil I. Título II. Série.

23-152181 CDU-343(81)(094.9)

Índices para catálogo sistemático:
1. Brasil : Jurisprudência : Legislação penal : Direito penal 343(81)(094.9)

Eliane de Freitas Leite - Bibliotecária - CRB 8/8415

1ª edição, 2023.

Foi feito o depósito legal.

Informamos que é de inteira responsabilidade do autor a emissão de conceitos.

1ª edição especial - capa dura

Sumário

Para Clarissa.

Apresentação

A produção de um livro amolda-se como a responsabilidade máxima imposta àquele que se propõe a esse enorme desafio. Exprime o sentimento do autor com relação ao assunto e a pretensão de que a obra tenha relevância na vida do leitor. No transcorrer da escrita, o autor demonstra seu conhecimento sobre o tema e, de forma humilde, deseja adentrar na esfera do conhecimento de seu leitor. Portanto, o livro é o cume de uma carreira trilhada no silêncio das leituras, na solidão das bibliotecas e na alegria do externar as palavras.

Nesta obra, buscamos atingir o entusiasta do direito penal com a apresentação das **leis penais especiais** do ordenamento jurídico brasileiro, enfrentando as dificuldades de fortalecer o assunto em apenas uma obra. Para tanto – e no intuito de facilitar a compreensão do leitor –, optamos por discutir as leis na ordem cronológica em que foram promulgadas, iniciando no ano de 1956, com a tipificação do crime de genocídio, e finalizando no ano de 2016, com a Lei do Terrorismo. A presente obra está em consonância com a nova de Lei de Abuso de Autoridade (Lei n. 13.869, de 5 de setembro de 2019), com o denominado *Pacote Anticrime* ou *Pacote Anticorrupção* (Lei n. 13.964, de 24 de dezembro de 2019) e com as atualizações geradas pelas alterações legislativas efetuadas nesses dispositivos.

Nosso objetivo com este livro é condensar as 20 leis penais especiais de maior importância e incidência no cotidiano da prática penal, promovendo ampla discussão e um comparativo atualizado com a mais recente jurisprudência, levando, assim, o leitor ao pleno entendimento da legislação.

Com respaldo dos mais conceituados manuais de direito penal e artigos científicos sobre o tema, este volume busca reunir e contemplar, de forma didática e objetiva, o estudo das leis penais especiais, com a verificação dos objetivos, dos bens jurídicos, da análise dos delitos e da mais atualizada jurisprudência sobre essas leis, oferecendo ao leitor a compreensão e o traslado do campo dogmático para a prática diária forense.

Dessa forma, ao se debruçar nos artigos mais importantes das leis em estudo, o leitor terá contato com os delitos cometidos no cotidiano, permitindo o aprofundamento da práxis e sua justa correspondência com o entendimento dos tribunais superiores. Assim, o leitor poderá promover, de forma eficiente, a integração da lei com a visualização de seu correspondente julgamento por esses tribunais, ampliando o campo de estudo e absorção do conteúdo.

Por fim, a expectativa é que o leitor seja seduzido pelo tema, consolidando seu conhecimento e assentando as bases necessárias para sua vida cotidiana na prática do direito penal.

Introdução

Ao iniciar a análise das leis penais especiais, alguns apontamentos se fazem necessários para o melhor aproveitamento do estudo. A compreensão de conceitos básicos, mas de suma importância, é essencial para o estudo do direito penal, inclusive das leis penais externas ao Código Penal.

De forma simplificada, o direito penal é o ramo do ordenamento jurídico que define crimes e determina sanções penais. Desde logo, esse ramo do direito público funda-se em delimitar as condutas que são inadmissíveis em um corpo social e, para elas, comina penas ou medidas de segurança.

Não se cerra os olhos para outra atribuição do direito penal: ser o escudo protetor do cidadão frente aos abusos perpetrados pelo Estado. Os tipos penais (condutas reprováveis descritas na lei) têm a função primordial de delimitar a atuação do Estado em relação a seus cidadãos, ou seja, só será imputada uma infração penal àquele que comete uma conduta já prevista em lei. Disso advém o princípio basilar do direito penal: o **princípio da legalidade**, que, de forma firme, apresenta que não há crime sem lei anterior que o defina e que não há pena sem a prévia cominação legal (*nullum crimen sine lege*). Esse princípio é de tal grandeza que está descrito já no art. 1º do Código Penal.

Ainda, é importante delimitar o **objetivo**, a **missão** e a **função** do direito penal. Na concepção de Paulo César Busato (2013), para que tenhamos um direito penal que expresse verdadeiramente os propósitos dos iluministas de igualdade e liberdade, somente é possível conceber como missão do direito penal a garantia igualitária de proteção aos bens jurídicos indispensáveis para o desenvolvimento social do homem, com sanções aos ataques mais graves dirigidos contra tais bens jurídicos.

Para Claus Roxin (2008), a finalidade do direito penal é garantir a convivência pacífica na sociedade por meio da proteção de **bens jurídicos**.

Mas, afinal, o que se entende por bem jurídico?

O conceito de bem jurídico é atribuído aos valores importantes para a sociedade, dos quais o direito penal deve ocupar-se, como, por exemplo, a vida, o patrimônio, a liberdade sexual, a incolumidade pública e o meio ambiente.

Claus Roxin (2008, p. 45) define *bem jurídico* como as realidades ou os fins necessários para uma vida social livre e segura, que garantam os direitos humanos e fundamentais do indivíduo, ou essenciais para o funcionamento do sistema estatal erigido para a consecução de tal fim.

Por sua vez, Johannes Wessels (1976) conceitua *bens jurídicos* como os bens vitais, os valores sociais e os interesses juridicamente reconhecidos do indivíduo ou da coletividade, que, em virtude de seu especial significado para a sociedade, requerem proteção jurídica.

Dessa forma, a função do direito penal, conforme a doutrina majoritária, é a proteção dos valores pelos quais a comunidade tem pleno interesse e que são de grande valia para o indivíduo ou a coletividade. Para esses valores, extrai-se o conceito dos bens jurídicos.

Ao direito penal é conferida a árdua tarefa da cominação de penas como forma de retribuição e prevenção do delito. Nenhum outro ramo do ordenamento jurídico tem a legitimidade necessária para a aplicação de sanções penais. A tarefa do direito penal, segundo Wessels (1976), consiste em proteger os valores elementares da vida comunitária no âmbito da ordem social e garantir a manutenção da paz jurídica.

Consideremos, então, a sanção penal na atualidade. O Estado detém o poder e também o dever de punir[1]. A pena é a resposta do Estado frente ao ilícito cometido, limitando o autor do delito em sua esfera jurídica, privando-o de sua liberdade ou restringindo seus direitos, em uma retribuição pelo cometimento de uma conduta determinada crime[2].

Algumas apresentações ao conceito de pena se fazem necessárias. Aníbal Bruno (1976, p. 10) aduz que

> a pena, em seu sentido propriamente jurídico, é uma resposta que uma comunidade organizada politicamente dá a um fato transgressor de normas fundamentais à sua estrutura e, portanto, tais fatos são definidos pela lei como delituosos. Segundo o autor, essa reação "aparece com os primeiros agregados humanos. Violenta e impulsiva nos primeiros tempos, exprimindo o sentimento natural de vingança do ofendido ou a revolta de toda a comunidade social, ela se vai disciplinando com o progresso da cultura, abandonando os seus apoios extrajurídicos e tomando o sentido de uma instituição

---

1 Nesse sentido, de acordo com Carvalho (2013, p. 41), do "ponto de vista da teoria política, duas conclusões são possíveis sobre a forma moderna de percepção e de representação da sanção penal. A primeira é de que o uso da força e a reivindicação de sua legitimidade instauram a ordem jurídico-política; a segunda é a de que a pena imposta pela autoridade constituída é, inevitavelmente, um ato de violência programado pelo poder político e racionalizado pelo saber jurídico. Exatamente por caracterizar-se como ato de violência, o discurso jurídico impõe que o exercício da força no interior da ordem política seja limitado por regras e legitimado por discursos (teorias da pena)".

2 Cezar Bitencourt (2008, p. 439) comenta que "A prisão é uma exigência amarga, mas imprescindível. A história da prisão não é de sua progressiva abolição, mas de sua reforma. A prisão é concebida modernamente como um mal necessário, sem esquecer que a mesma guarda em sua essência contradições insolúveis".

de Direito posta nas mãos do poder público para a manutenção da ordem e segurança social.

Por outro lado, Santiago Mir Puig (1982, p. 25, tradução nossa), sob a influência do direito penal liberal, mostra

> que uma função de prevenção do crime foi atribuída à penalidade, bem como uma compensação pelo mal cometido. A fundação do Estado liberal e do Direito no contrato social, concebido como um pacto que os homens subscrevem por razões de uso, levou a atribuir à pena a função utilitária de proteger a sociedade através da prevenção de crimes, cuja essência é vista, a princípio, em constituir um 'dano social'[3].

O jurista francês Emmanuel Dreyer (2016, p. 923, tradução nossa) define *pena* da seguinte forma: "por sua própria etimologia, a pena é inseparável da ideia de punição. Seu personagem principal é indubitavelmente doloroso: é um sacrifício infligido por autossacrifício. Daí esta definição: pena, propriamente falando, é o sofrimento que o poder social inflige ao autor de uma ofensa legal"[4]. Nesse sentido, Jeremy Bentham (1830) afirma

---

3 No original: "Bajo la vigencia del Derecho penal liberal se atribuyó a la pena tanto una función de prevención de delitos, como la de retribución por el mal cometido. La fundamentación del Estado y del Derecho liberales en el contrato social, concebido como pacto que los hombres suscriben por razones de utilidade conducía a asignar a la pena la función utilitaria de protección de la sociedad através de la prevención de los delitos, cuya esencia se veía, en un principio, en constituir un 'daño social'".

4 No original: "De par son étymologie même, la peine s'avère indissociable de l'idée de châtiment. Son caratère principal est sans doute d'être douloureuse: elle est un sacrifice infligé à raison du sacrifice qu'il a lui-même infligé. D'où cette définition: la peine, proprement dite, est la souffrance que le pouvoir social inflige à l'auteur d'un délit légal".

que a pena pode ser definida como um mal resultante para um indivíduo da intenção direta de outro, por conta de algum ato que parece ter sido feito ou omitido.

René Ariel Dotti (2013, p. 553) complementa que "a pena criminal também consiste na perda ou restrição de bens jurídicos do responsável pela infração, em retribuição a sua conduta e para prevenir novos ilícitos". A pena, continua o autor, "deve prevenir e reprimir as condutas ilícitas culpáveis"[5][6].

O cuidado com a expansão da repressão deve ser sempre objeto de observação. Mostra-se pertinente a conclusão de Rusche e Kirchheimer (2004, p. 282): "a repressão, o caminho aparentemente mais fácil, será sempre bem aceita. Ela possibilita a ilusão de segurança encobrindo os sintomas da doença social com um sistema legal e julgamentos de valor moral".

O castigo tem por fim único impedir o culpado de ser nocivo futuramente à sociedade e desviar seus concidadãos da senda do crime. Em 1764, Cesare Beccaria (2015) já exprimia esse pensamento.

---

5 "A pena, como instituição jurídica, é um sofrimento que o ordenamento jurídico faz seguir a um determinado fato ilícito para o autor deste (*Punitur postquam peccatum est*). A chamada *orientação clássica* vê a essência da pena na retribuição da ilicitude culpável. Dentro das chamadas *escolas modernas* (sociológicas), a orientação extrema descarta e concebe a pena exclusive como meio de retribuição e concebe a pena exclusive como o meio para que os punidos abandonem o caminho das futuras lesões jurídicas (seja no sentido da intimidação, da majoração da pena ou de torná-lo inofensivo). As *teorias unificantes* (sincréticas) aspiram a uma pena que em si unifique as ideias de retribuição e segurança" (Beling, 2007, p. 81-82).

6 Como exemplo, o *Código penal português*, em seu art. 40, versa sobre as finalidades das penas. O item 1 do artigo citado dispõe: "A aplicação de penas e de medidas de segurança visa a protecção de bens jurídicos e a reintegração do agente na sociedade".

Franz von Liszt (2005) apresentou que a ameaça da pena ressalta a importância desta, que, como exortação e intimidação, reforça os motivos que devem fazer desistir da perpetração de delitos. De acordo com esse autor, "pena é coação. É dirigida contra a vontade do criminoso[7] ao lesar ou eliminar os bens jurídicos nos quais sua vontade se havia encarnado".

Com esta breve noção introdutória acerca do direito penal, dos bens jurídicos tutelados por este e de suas sanções penais, adentra-se, então, na análise das leis penais especiais, com o intuito de analisar, de forma técnica e aprofundada, a legislação penal extravagante.

---

7 Em obra publicada no ano de 1923, o jurista italiano Enrico Ferri (2006, p. 9) vê o criminoso como "delinquente" e apresenta sua concepção sobre o crime: "Delinquente é aquele que comete um crime; mas a palavra crime tem dois significados: o primeiro ético-social (muito amplo) e jurídico (mais restrito). O primeiro sentido expressa uma ação imoral, isto é, contrária às condições de existência social em razão dos costumes, da honestidade e da dignidade humanas; já, o segundo, indica uma ação quase sempre imoral, cuja principal característica é a proibição legal, e contraria as condições de existência social no que diz respeito à disciplina e à segurança sociais".

Capítulo 1

Crime de genocídio

Neste capítulo, abordaremos o delito de genocídio, o qual surge com a Convenção para a Prevenção e Repressão do Crime de Genocídio, concluída em Paris, no dia 11 de dezembro de 1948, por ocasião da III Sessão da Assembleia Geral das Nações Unidas. O Brasil ratificou essa Convenção com o Decreto n. 30.822, de 6 de maio de 1952 (Brasil, 1952).

— 1.1 — Conceito de genocídio

De acordo com a Convenção, genocídio[1] é definido como

> qualquer dos seguintes atos, cometidos com a intenção de destruir no todo ou em parte, um grupo naciona étnico, racial ou religioso, como tal:
>
> a) matar membros do grupo;
>
> b) causar lesão grave à integridade física ou mental de membros do grupo;
>
> c) submeter intencionalmente o grupo a condição de existência capazes de ocasionar-lhe a destruição física total ou parcial;
>
> d) adotar medidas destinadas a impedir os nascimentos no seio de grupo;

1 Para um maior aprofundamento sobre o genocídio, sugere-se a leitura do artigo de Dissenha e Freitas (2015).

e) efetuar a transferência forçada de crianças do grupo para outro grupo. (Brasil, 1952)

Para fins da legislação penal, o art. 1º da Lei n. 2.889, de 1º de outubro de 1959, assim preceitua:

Art. 1º Quem, com a intenção de destruir, no todo ou em parte, grupo nacional, étnico, racial ou religioso, como tal:

a) matar membros do grupo;

b) causar lesão grave à integridade física ou mental de membros do grupo;

c) submeter intencionalmente o grupo a condições de existência capazes de ocasionar-lhe a destruição física total ou parcial;

d) adotar medidas destinadas a impedir os nascimentos no seio do grupo;

e) efetuar a transferência forçada de crianças do grupo para outro grupo;

Será punido:

Com as penas do art. 121, § 2º, do Código Penal, no caso da letra a;

Com as penas do art. 129, § 2º, no caso da letra b;

Com as penas do art. 270, no caso da letra c;

Com as penas do art. 125, no caso da letra d;

Com as penas do art. 148, no caso da letra e; (Brasil, 1956)

Genocídio, então, é a conduta de quem, com intenção de destruir, no todo ou em parte, grupo nacional, étnico, racial ou religioso, mata, causa lesão grave à integridade física ou mental, submete o grupo a condições de existência capazes de ocasionar-lhes a destruição total ou parcial, ou mesmo adota medidas destinadas a impedir nascimentos no seio do grupo, ou efetua a transferência forçada de um grupo para outro.

— 1.2 —
Bem jurídico tutelado

O bem jurídico tutelado pela legislação é o ser humano em relação ao seu grupo e este em relação à humanidade. De forma convergente, a doutrina entende que a imputação do genocídio e a norma tutelada se referem à defesa de um bem jurídico coletivo cujo titular não é uma pessoa física, mas um grupo como um todo, compreendido como uma coletividade.

Vale destacar o entendimento de Paulo César Busato (2003, p. 421): "Sem dúvida, a seleção do Genocídio como um dos principais objetos de atenção do Tribunal Penal Internacional reflete uma preocupação ampla para com o bem jurídico vida, que é, ou deveria ser, o principal bem jurídico protegido pelo direito penal. Sobretudo porque, para o desenvolvimento social do homem, e necessário preservar sua vida".

— 1.3 —

Sujeito ativo e sujeito passivo

O genocídio é considerado um crime comum, ou seja, é a categoria do delito que não exige uma qualidade especial do agente para seu cometimento.

Qualquer pessoa pode figurar como sujeito ativo do delito. Entretanto, haverá aumento de pena se o genocídio for cometido por governantes, conforme disposto no art. 4º da Lei n. 2.889/1959. Como sujeito passivo do delito, isto é, aquele que sofre a conduta típica, podem figurar, conforme a lei, os integrantes de grupo nacional, étnico, racial ou religioso.

— 1.4 —

Competência para julgamento

Em regra, o julgamento do crime de genocídio compete à Justiça Federal, conforme Informativo n. 434 do Supremo Tribunal Federal (STF) e Informativo n. 70 do Superior Tribunal de Justiça (STJ). Se houver a conexão com delitos dolosos contra a vida, a competência para julgamento será do Tribunal do Júri Federal.

Quanto à competência de julgamento, sugerimos a análise dos seguintes precedentes:

- STJ: Recurso Especial n. 222.653/RR.
- STF: Recurso Extraordinário n. 351.487/RR.

— 1.5 —
Sanções penais

As sanções penais para o delito de genocídio são equivalentes:

a. com as penas do art. 121, parágrafo 2º (homicídio qualificado), no caso da alínea "a" do art. 1º da Lei n. 2.889/1959;
b. com as penas do art. 129, parágrafo 2º (lesão corporal grave), no caso da alínea "b" do art. 1º da Lei n. 2.889/1959;
c. com as penas do art. 270 (envenenamento de água potável), no caso da alínea "c" do art. 1º da Lei n. 2.889/1959;
d. com as penas do art. 125 (provocar aborto sem consentimento da gestante), no caso da alínea "d" do art. 1º da Lei n. 2.889/1959;
e. com as penas do art. 148 (sequestro e cárcere privado), no caso da alínea "e" do art. 1º da Lei n. 2.889/1959.

O delito de genocídio é um crime hediondo, conforme prevê o art. 1º da Lei n. 8.072, de 25 de julho de 1990, considerando sua gravidade e por se tratar de espécie de crime contra a humanidade (Brasil, 1990a).

Desse modo, verificamos que o legislador buscou no próprio Código Penal brasileiro penas correspondentes, deixando em apartado a possibilidade da cominação de uma pena específica para o delito.

— 1.6 —
Conceito de incitação

O conceito de incitação abrange a influência psíquica, o induzimento e a instigação propriamente ditas, sendo o reforço de uma ideia já existente.

A conduta típica consiste em incitar, direta e publicamente, a prática de genocídio. O tipo subjetivo é o dolo, não se admitindo a figura culposa.

> Art. 3º Incitar, direta e publicamente alguém a cometer qualquer dos crimes de que trata o art. 1º:
>
> Pena: Metade das penas ali cominadas.
>
> § 1º A pena pelo crime de incitação será a mesma de crime incitado, se este se consumar.
>
> § 2º A pena será aumentada de 1/3 (um terço), quando a incitação for cometida pela imprensa. (Brasil, 1956)

É preciso atentar ao elemento normativo do tipo *publicamente*. O legislador buscou tutelar a prática do delito de "incitar ao genocídio" quando este atinja o número indeterminado de pessoas, com a utilização de meio idôneo para o especial fim de agir.

Atualmente, os meios informáticos e telemáticos, como redes sociais, *e-mails*, mensagens de áudio e *posts* em *websites*, amoldam-se como meios capazes de disseminar a incitação.

Capítulo 2

Crimes de abuso de autoridade

Neste capítulo, analisaremos a Lei de Abuso de Autoridade, considerando sua pertinência para a verificação das consequências penais, cíveis e administrativas do abuso cometido por autoridades durante suas funções.

— 2.1 —

Objetivo da lei

A Lei de Abuso de Autoridade (Lei n. 4.898, de 9 de dezembro de 1965, vigente até o advento da Lei n. 13.869, de 5 de setembro de 2019) incluiu no ordenamento jurídico as consequências penais, cíveis e administrativas do abuso do poder perpetrado por autoridades no exercício de suas funções. A mesma conduta realizada pelo agente poderá ser responsabilizada nas três esferas (penal, administrativa e cível), sem que haja o *bis in idem*[1].

— 2.2 —

Bem jurídico tutelado

O bem jurídico tutelado no delito de abuso de autoridade é o regular funcionamento da Administração Pública, sua credibilidade e dignidade, bem como os direitos e as garantias fundamentais dispostos na Constituição Federal.

1 O princípio *non bis in idem* em matéria penal fixa que o réu não poderá ser julgado e punido duas vezes por um mesmo fato típico.

— 2.3 —

Alterações após o advento da Lei n. 13.869/2019

Com a promulgação da Lei n. 13.869/2019, a Lei de Abuso de Autoridade (Lei n. 4.898/1695) foi revogada[2]. O art. 1º da nova Lei de Abuso de Autoridade assim estabelece:

> Art. 1º Esta Lei define os crimes de abuso de autoridade, cometidos por agente público, servidor ou não, que, no exercício de suas funções ou a pretexto de exercê-las, abuse do poder que lhe tenha sido atribuído.
>
> § 1º As condutas descritas nesta Lei constituem crime de abuso de autoridade quando praticadas pelo agente com a finalidade específica de prejudicar outrem ou beneficiar a si mesmo ou a terceiro, ou, ainda, por mero capricho ou satisfação pessoal.
>
> § 2º A divergência na interpretação de lei ou na avaliação de fatos e provas não configura abuso de autoridade. (Brasil, 2019c)

Para que se caracterize o abuso de autoridade, o tipo penal exige o dolo específico, conforme previsto na nova lei. De acordo com o art. 1º, parágrafo 1º, da Lei n. 13.869/2019, as finalidades exigidas e específicas para a configuração desse crime são:

- prejudicar outrem
- beneficiar a si mesmo

---

2 Sugere-se a leitura de: Marques; Silva, 2019.

- beneficiar terceiro
- por mero capricho
- por satisfação pessoal (Brasil, 2019c).

Apesar de a lei punir de forma ampla os agentes públicos que atuarem com essas finalidades além do dolo direto das condutas selecionadas pelo legislador, a análise subjetiva da presença desses dolos está vinculada aos princípios do contraditório, da ampla defesa, da livre investigação e valoração das provas, da livre convicção, da necessidade da motivação das decisões judiciais e de comprovação por parte da acusação (Marques; Silva, 2019).

— 2.4 —
Sujeito ativo e sujeito passivo

Os delitos dispostos na Lei de Abuso de Autoridade são considerados crime próprios, ou seja, é a categoria do delito que exige uma qualidade especial do agente para seu cometimento.

O art. 2º da 13.869/2019 estabelece quem pode ser o sujeito ativo dos delitos de abuso de autoridade. Já como sujeito passivo do delito, isto é, aquele que sofre a conduta típica, podem figurar o Estado e qualquer sujeito integrante do corpo social.

> Art. 2º É sujeito ativo do crime de abuso de autoridade qualquer agente público, servidor ou não, da administração direta,

> indireta ou fundacional de qualquer dos Poderes da União, dos Estados, do Distrito Federal, dos Municípios e de Território, compreendendo, mas não se limitando a:
>
> I - servidores públicos e militares ou pessoas a eles equiparadas;
>
> II - membros do Poder Legislativo;
>
> III - membros do Poder Executivo;
>
> IV - membros do Poder Judiciário;
>
> V - membros do Ministério Público;
>
> VI - membros dos tribunais ou conselhos de contas.
>
> Parágrafo único. Reputa-se agente público, para os efeitos desta Lei, todo aquele que exerce, ainda que transitoriamente ou sem remuneração, por eleição, nomeação, designação, contratação ou qualquer outra forma de investidura ou vínculo, mandato, cargo, emprego ou função em órgão ou entidade abrangidos pelo *caput* deste artigo. (Brasil, 2019c)

Somente o agente público que mantém vínculo com o Estado poderá figurar como sujeito ativo do delito de abuso de autoridade. Logo, por exemplo, um promotor de justiça aposentado não poderá cometer o delito, pois não detém vínculo ativo com o Estado.

Agentes políticos são considerados agentes públicos para efeitos da lei, conforme entendimento do Superior Tribunal de Justiça (STJ) no precedente da Ação Penal n. 334/ES.

— 2.4.1 —
Desnecessidade de o agente público estar no desempenho de suas funções

Quanto à ação abusiva do poder, não se faz necessário que o agente público esteja no pleno desenvolvimento de suas funções públicas para que se caracterize o delito de abuso de autoridade. Basta que o sujeito ativo esteja se prevalecendo do fato de deter o poder conferido pelo Estado (Portocarrero; Ferreira, 2019).

Um exemplo é o caso em que o STJ reconheceu o abuso de poder praticado por delegado de polícia que, ao passar na frente de outro cidadão em uma fila no banco, foi questionado por este e, após, o prendeu por desacato injustificadamente, conforme dispõe o precedente no Recurso Especial n. 782.834/MA.

— 2.5 —
Crimes em espécie

A nova Lei de Abuso de Autoridade destaca os seguintes delitos:

> Art. 9º Decretar medida de privação da liberdade em manifesta desconformidade com as hipóteses legais:
>
> Pena – detenção, de 1 (um) a 4 (quatro) anos, e multa.
>
> Parágrafo único. Incorre na mesma pena a autoridade judiciária que, dentro de prazo razoável, deixar de:

> I – relaxar a prisão manifestamente ilegal;
>
> II – substituir a prisão preventiva por medida cautelar diversa ou de conceder liberdade provisória, quando manifestamente cabível;
>
> III – deferir liminar ou ordem de habeas corpus, quando manifestamente cabível. (Brasil, 2019c)

O mencionado art. 9º, bem como vários artigos da nova Lei de Abuso de Autoridade, causaram grande desconforto na magistratura brasileira e em classes de agentes públicos e são alvos de ações perante o Supremo Tribunal Federal (STF) – ADI 6.234, ADI 6.236, 6.268 e 6.239, Relator Min. Celso de Melo. Entre outros pontos, a argumentação é de que os tipos penais criados pela nova legislação "são extremamente vagos, imprecisos, indeterminados e abertos, possibilitando as mais diversas interpretações do que constituiria crime de abuso de autoridade" (STF, 2019b). Para os contrários à nova lei, os dispositivos atingem princípios do serviço público, como da eficiência, da publicidade, da moralidade e da legalidade, e ferem os princípios da razoabilidade, da proporcionalidade, da isonomia, da liberdade de expressão e da separação dos Poderes.

> Art. 10. Decretar a condução coercitiva de testemunha ou investigado manifestamente descabida ou sem prévia intimação de comparecimento ao juízo:
>
> Pena – detenção, de 1 (um) a 4 (quatro) anos, e multa. (Brasil, 2019c)

O art. 10 da lei reprova a conduta conhecida como *condução coercitiva* de testemunha ou investigado de forma manifestamente descabida ou sem prévia intimação para conhecimento em juízo. Os delitos dispostos nos arts. 9º e 10 apenas podem ser praticados por membros do Poder Judiciário.

> Art. 23. Inovar artificiosamente, no curso de diligência, de investigação ou de processo, o estado de lugar, de coisa ou de pessoa, com o fim de eximir-se de responsabilidade ou de responsabilizar criminalmente alguém ou agravar-lhe a responsabilidade:
>
> Pena – detenção, de 1 (um) a 4 (quatro) anos, e multa.
>
> Parágrafo único. Incorre na mesma pena quem pratica a conduta com o intuito de:
>
> I – eximir-se de responsabilidade civil ou administrativa por excesso praticado no curso de diligência;
>
> II – omitir dados ou informações ou divulgar dados ou informações incompletos para desviar o curso da investigação, da diligência ou do processo. (Brasil, 2019c)

Essa nova conduta prevista no art. 23 da lei tem por objetivo a punição do agente público que, no curso de uma diligência, de investigação ou processo, venha inovar, ou seja, introduzir uma novidade, artificiosamente, quer dizer, usar-se de recurso engenhoso, malícia ou ardil, para modificar o estado de lugar, de coisa ou de pessoa, com o fim de eximir-se de responsabilidade ou de responsabilizar criminalmente alguém ou agravar-lhe a responsabilidade.

> Art. 30. Dar início ou proceder à persecução penal, civil ou administrativa sem justa causa fundamentada ou contra quem sabe inocente:
>
> Pena – detenção, de 1 (um) a 4 (quatro) anos, e multa. (Brasil, 2019c)

Com esse novo tipo penal do art. 30, o legislador visa coibir os abusos cometidos em instaurações de procedimentos penais, cíveis ou administrativos em ocasiões em que o agente, sabedor da inocência ou sem dar a justa causa de forma fundamentada, dá início ao procedimento investigatório ou à demanda judicial, com o dolo específico de prejuízo do investigado/processado.

> Art. 32. Negar ao interessado, seu defensor ou advogado acesso aos autos de investigação preliminar, ao termo circunstanciado, ao inquérito ou a qualquer outro procedimento investigatório de infração penal, civil ou administrativa, assim como impedir a obtenção de cópias, ressalvado o acesso a peças relativas a diligências em curso, ou que indiquem a realização de diligências futuras, cujo sigilo seja imprescindível:
>
> Pena – detenção, de 6 (seis) meses a 2 (dois) anos, e multa. (Brasil, 2019c)

O art. 32 é considerado uma grande vitória para os defensores e advogados, pois tornou crime a conduta da negativa de acesso aos autos, inquérito policial, investigação e termo circunstanciado, bem como o impedimento de extração de cópias.

O referido dispositivo da lei atendeu ao grande pleito dos advogados e defensores, pois, na prática diária das defesas técnicas, era evidente o grande prejuízo causado aos procuradores de réus e investigados quando da negativa de acesso aos autos. Apenas podem ser vítimas (sujeito passivo) do delito disposto no art. 32 o interessado, o advogado ou defensor.

A nova Lei de Abuso de Autoridade acrescentou um novo tipo penal no Estatuto da Advocacia e da Ordem dos Advogados do Brasil:

> Art. 7º-B Constitui crime violar direito ou prerrogativa de advogado previstos nos incisos II, III, IV e V do caput do art. 7º desta Lei:
>
> Pena – detenção, de 3 (três) meses a 1 (um) ano, e multa. (Brasil, 1994)

O legislador visou atenter a pleito antigo da classe: a criminalização das condutas atentatórias às prerrogativas dos advogados. Na prática da advocacia – em suma, a advocacia criminal – verificava-se a dificuldade de defensores no acesso ao réu preso, aos autos do processo e aos inquéritos policiais.

— 2.6 —
Competência para julgamento

A competência para julgamento será determinada quando da análise do comprometimento de bens, serviços ou interesses da União, dos estados ou dos municípios. Logo, a competência será da Justiça Estadual quando do ataque aos bens jurídicos do estado ou município, e da Justiça Federal quando a infringência for relativa aos interesses da União e de suas autarquias.

Trata-se de um delito considerado de menor potencial ofensivo, em razão de suas penas máximas cominadas não serem superiores a dois anos de reclusão. Por esse motivo, são possíveis a transação penal e o rito do Juizado Especial Criminal – Lei n. 9.099, de 26 de setembro de 1995 (Brasil, 1995b).

Os precedentes norteadores do STJ no *Habeas Corpus* n. 83.828 e no *Habeas Corpus* n. 81.752 são os marcos jurisprudenciais para o entendimento do tema.

Exceção: abuso de autoridade praticado por militar em serviço contra civil praticado após a entrada em vigor da Lei n. 13.491, de 13 de outubro de 2017. De acordo com a Súmula n. 90 do STJ, "Compete à Justiça Estadual Militar processar e julgar o policial militar pela prática do crime militar, e à Comum pela prática do crime comum simultâneo àquele" (Brasil, 2010b).

— 2.7 —

Sanções penais

A lei não trata apenas da responsabilidade penal do agente, mas também abarca as responsabilidades civil e administrativa, de forma a ser possível sua cumulação, não havendo o *bis in idem*. São aplicáveis três espécies de sanções penais conforme previsto na Lei de Abuso de Autoridade: multa; pena privativa de liberdade; e perda do cargo e inabilitação para exercício de função pública por prazo até cinco anos.

> Art. 4º São efeitos da condenação:
>
> I – tornar certa a obrigação de indenizar o dano causado pelo crime, devendo o juiz, a requerimento do ofendido, fixar na sentença o valor mínimo para reparação dos danos causados pela infração, considerando os prejuízos por ele sofridos;
>
> II – a inabilitação para o exercício de cargo, mandato ou função pública, pelo período de 1 (um) a 5 (cinco) anos;
>
> III – a perda do cargo, do mandato ou da função pública.
>
> Parágrafo único. Os efeitos previstos nos incisos II e III do caput deste artigo são condicionados à ocorrência de reincidência em crime de abuso de autoridade e não são automáticos, devendo ser declarados motivadamente na sentença. (Brasil, 2019c)

Em se tratando de abuso de autoridade, é de suma importância a Súmula Vinculante n. 11 do STF, editada após grande discussão sobre o uso de algemas durante sessão de julgamento:

> Só é lícito o uso de algemas em casos de resistência e de fundado receio de fuga ou de perigo à integridade física própria ou alheia, por parte do preso ou de terceiros, justificada a excepcionalidade por escrito, sob pena de responsabilidade disciplinar, civil e penal do agente ou da autoridade e de nulidade da prisão ou do ato processual a que se refere, sem prejuízo da responsabilidade civil do Estado. (Brasil, 2008b)

Destaca-se o julgamento no STF do Inquérito n. 4.696/DF, de relatoria do Ministro Gilmar Mendes, o qual restou desta forma ementado:

Jurisprudência

Inquérito instaurado por determinação da Segunda Turma do STF. 2. Transferência de Preso. 3. **Abuso no uso de algemas. Violação à Súmula Vinculante nº 11 do STF**. 4. Remessa de cópia do inquérito à Procuradoria-Geral da República, ao Ministério da Segurança Pública, ao Conselho Nacional de Justiça, ao Conselho da Justiça Federal e Conselho Nacional do Ministério Público. 5. Manutenção da competência desta Corte para a supervisão dos atos subsequentes a serem praticados.

[...]

Instaurou-se o presente inquérito por determinação da Segunda Turma, nos autos do Habeas Corpus 152.720-DF, em que é paciente SERGIO DE OLIVEIRA CABRAL SANTOS FILHO, então preso no Complexo Médico Penal de Pinhais – PR.

Por meio do inquérito, busca-se reunir material para análise de eventual violação a direitos humanos e descumprimento da Súmula Vinculante 11 desta Corte, tendo em vista a exibição midiática do aludido preso, algemado pelas mãos, cintura e pés, na manhã de 18.1.2018, quando submetido a custódia e responsabilidade do Estado para a realização de exame de corpo de delito no Instituto Médico Legal de Curitiba – PR.

[...]

O uso de algemas, por expressa determinação legal, deveria ficar restrito aos casos extremos de resistência e oferecimento de real perigo por parte do preso. Os excessos, como os aqui claramente constatados, de atentado a integridade física do preso, expondo-o a constrangimentos e humilhações, constituem "abuso de autoridade", nos termos dos arts. 3º, alíneas "a" e "i", e 4o, alínea "b", da Lei 4.898/65 (Lei de Abuso de Autoridade).

(STF, Inq n. 4.696/DF, Relator: Min. Gilmar Mendes, data de julgamento: 13/08/2018, data de publicação: 14/10/2018, 2ª Turma, grifo nosso)

Dessa forma, a jurisprudência fixou o precendente quanto à delimitação do uso de algemas durante as prisões realizadas contra o cidadão.

Capítulo 3

Crimes contra o Sistema Financeiro Nacional

A Lei n. 7.492, de 16 de junho de 1986, que trata de crimes contra o sistema financeiro nacional, conhecida, de forma coloquial, como a *Lei do Colarinho Branco*, tipifica crimes financeiros preocupando-se com o Sistema Financeiro brasileiro (Brasil, 1986)[1].

O Sistema Financeiro é um complexo aparato estatal que compreende medidas, operações e diversas modalidades de transações no que tange à captação de recursos. Envolve várias instituições e órgãos que têm como finalidade tornar viável o mercado de capitais e viabilizar os recursos financeiros na relação entre pessoas, governo e empresas (Portocarrero; Ferreira, 2019).

— 3.1 —

Conceito de instituição financeira

Em uma análise inicial, a instituição financeira pode ser conceituada como aquela que atua com recursos financeiros de outras pessoas e de terceiros. As instituições financeiras são pessoas jurídicas que exercem as atividades de intermediação financeira, ou seja, elas captam recursos e, em seguida, repassam esses recursos mediante empréstimos, financiamentos, planos de previdência, entre outros. O art. 1º da Lei n. 7.492/1986 pode ser desta forma sintetizado (Brasil, 1986):

---

1 Sobre o tema, sugere-se a leitura de: Prado, 2019.

- pessoas jurídicas de direito público (Banco Central, Conselho Monetário Nacional etc.);
- pessoas jurídicas de direito privado (bancos, cooperativas de crédito etc.);
- pessoas jurídicas de direito público ou privado que tem como atividade principal ou não qualquer forma de gestão de recursos financeiros de terceiros em moeda nacional ou estrangeira (casas de câmbio);
- pessoas jurídicas que negociam valores mobiliários (empresas de investimentos);
- pessoas jurídicas que captam ou administram seguros, câmbio, consórcio, captalização ou qualquer recurso de terceiros;
- pessoas naturais que exercem quaisquer atividades descritas nesse dispositivo legal, mesmo que de forma eventual.

É necessário atentar para o disposto nos parágrafos 1° e 2° do art. 1° da Lei Complementar n. 105, de 10 de janeiro de 2001:

> § 1° São consideradas instituições financeiras, para os efeitos desta Lei Complementar:
>
> I – os bancos de qualquer espécie;
>
> II – distribuidoras de valores mobiliários;
>
> III – corretoras de câmbio e de valores mobiliários;
>
> IV – sociedades de crédito, financiamento e investimentos;
>
> V – sociedades de crédito imobiliário;
>
> VI – administradoras de cartões de crédito;
>
> VII – sociedades de arrendamento mercantil;

VIII – administradoras de mercado de balcão organizado;

IX – cooperativas de crédito;

X – associações de poupança e empréstimo;

XI – bolsas de valores e de mercadorias e futuros;

XII – entidades de liquidação e compensação;

XIII – outras sociedades que, em razão da natureza de suas operações, assim venham a ser consideradas pelo Conselho Monetário Nacional.

§ 2º As empresas de fomento comercial ou factoring, para os efeitos desta Lei Complementar, obedecerão às normas aplicáveis às instituições financeiras previstas no § 1º. (Brasil, 2001a)

— 3.2 —

Bem jurídico tutelado

O bem jurídico tutelado pela Lei n. 7.492/1986 é o Sistema Financeiro Nacional, seu regular funcionamento e sua credibilidade, bem como a confiança dos títulos e valores mobiliários.

— 3.3 —

Sujeito ativo e sujeito passivo

Os delitos dispostos na lei são considerados crimes próprios, ou seja, é a categoria do delito que exige uma qualidade especial do agente para seu cometimento. O art. 25 da Lei

n. 7.492/1986 indica quem pode ser sujeito ativo dos delitos contra o Sistema Financeiro Nacional:

> Art. 25. São penalmente responsáveis, nos termos desta lei, o controlador e os administradores de instituição financeira, assim considerados os diretores, gerentes.
>
> § 1º Equiparam-se aos administradores de instituição financeira, o interventor, o liquidante ou o síndico. (Brasil, 1986)

- O **controlador** é aquele que tem poder de comando. Em geral, é o acionista que detém maior participação ou o sócio que detém maior número de cotas, conhecido, geralmente, como o *proprietário do negócio.*
- Os **administradores** são aqueles a quem é concedido o poder de decisão na instituição. São os diretores e os gerentes, ou seja, aqueles que, em regra, representam a instituição na condução dos negócios.
- O **interventor** e o **liquidante** são figuras existentes nas normas específicas que tratam dos procedimentos de intervenção e liquidação de instituições financeiras.
- **Síndico** era o nome dado ao responsável pela condução da falência. Hoje essa figura é chamada de *administrador judicial.*

Como sujeito passivo do delito, isto é, aquele que sofre a conduta típica, podem figurar o Estado e seu Sistema Financeiro Nacional.

O art. 25 da Lei n. 7.492/1986 visa aclarar e delimitar as pessoas que são penalmente responsáveis pelos delitos nela tipificados. Em que pese esse dispositivo fixar os sujeitos ativos da prática desses delitos, há alguns deles que podem ser cometidos por qualquer pessoa.

— 3.4 —
Crimes em espécie

Com relação à inaplicabilidade do princípio da insignificância aos delitos contra o Sistema Financeiro Nacional, o Superior Tribunal de Justiça (STJ) já firmou o entendimento sobre não ser possível a aplicabilidade de tal princípio a esses crimes.

Os precedentes jurisprudenciais do STJ são: Agravo Regimental no Recurso Especial n. 1.614.236/RS e Agravo Regimental no Recurso Especial n. 1.370.235/RS.

Os delitos contra o Sistema Financeiro Nacional constam do art. 2º ao art. 23 da da Lei n. 7.492/1986. Destacamos, a seguir, alguns desses tipos penais.

> Art. 4º Gerir fraudulentamente instituição financeira:
>
> Pena - Reclusão, de 3 (três) a 12 (doze) anos, e multa.
>
> Parágrafo único. Se a gestão é temerária:
>
> Pena - Reclusão, de 2 (dois) a 8 (oito) anos, e multa. (Brasil, 1986)

O *caput* desse artigo prevê a chamada *gestão fraudelenta de instituição financeira*, definição que se aplica a gerente de bancos, por exemplo. Apesar do tipo penal ser amplo e indeteminado quanto ao seu elemento normativo ("fraudulentamente"), pode-se imputar o delito àquele que gere instituição financeira por meios fraudulentos, de forma ardilosa, dando desfalques. O Supremo Tribunal Federal (STF) se manifestou quanto à amplitude do tipo penal:

Jurisprudência

Agravo regimental no recurso extraordinário com agravo. Matéria criminal. Crime contra o Sistema Financeiro Nacional. Alegação de inconstitucionalidade do art. 4º, parágrafo único, da Lei nº 7.492/86 (gestão temerária). Inexistência. Precedentes.

1. A indeterminação do tipo penal previsto no art. 4º, parágrafo único, da Lei nº 7.492/86 não se mostra em grau suficiente para configurar ofensa ao princípio constitucional da legalidade, porquanto perfeitamente apreensível no contexto das condutas de natureza formal tipificadas no âmbito do direito penal econômico, visando a coibição de fraudes e descumprimentos de regras legais e regulamentares que regem o mercado financeiro.

2. Diante da impossibilidade de previsão e descrição de todos os atos temerários que poderiam ser praticados em uma instituição financeira, o legislador se valeu do elemento normativo do tipo traduzido no adjetivo "temerária", absolutamente válido no direito penal.

(STF, Agr Are n. 953.446/MG, Relator: Min. Dias Toffoli, data de julgamento: 28/06/2018, data de publicação: 23/08/2018, 2ª Turma)

Para exemplificar o elemento normativo *fraudulentamente*, temos o exemplo do caso conhecido como *mensalão*, e o STF se manifestou sobre o tema na Ação Penal n. 470:

Jurisprudência

ITEM V DA DENÚNCIA. **GESTÃO FRAUDULENTA DE INSTITUIÇÃO FINANCEIRA (ART. 4 da LEI 7.492/1986). SIMULAÇÃO DE EMPRÉSTIMOS BANCÁRIOS E UTILIZAÇÃO DE DIVERSOS MECANISMOS FRAUDULENTOS PARA ENCOBRIR O CARÁTER SIMULADO DESSAS OPERAÇÕES DE CRÉDITO.** ATUAÇÃO COM UNIDADE DE DESÍGNIOS E DIVISÃO DE TAREFAS. PROCEDÊNCIA PARCIAL DO PEDIDO.

O crime de gestão fraudulenta de instituição financeira (art. 4 da Lei 7.492/1986) configurou-se com a simulação de empréstimos bancários e a utilização de diversos mecanismos fraudulentos para encobrir o caráter simulado dessas operações de crédito, tais como: (1) **rolagem da suposta dívida** mediante, por exemplo, sucessivas renovações desses

> empréstimos fictícios, com incorporação de encargos e realização de estornos de valores relativos aos encargos financeiros devidos, de modo a impedir que essas operações apresentassem atrasos; (2) **incorreta classificação do risco dessas operações**; (3) **desconsideração da manifesta insuficiência financeira dos mutuários e das garantias por ele ofertadas e aceitas pelo banco**; e (4) **não observância tanto de normas aplicáveis à espécie**, quanto de análises da área técnica e jurídica do próprio Banco Rural S/A. Ilícitos esses que também foram identificados por perícias do Instituto Nacional de Criminalística e pelo Banco Central do Brasil.
>
> (STF, Ação Penal n. 470/MG, Relator: Min. Joaquim Barbosa, data de publicação: 22/04/2013, grifo nosso)

O parágrafo único do do art. 4º da Lei n. 7.492/1986 prevê a chamada *gestão temerária*, isto é, uma gestão arriscada, perigosa. A gestão temerária pode ser praticada pelo administrador ou controlador da instituição financeiras que, sabedor das regras e normativas que regem o Sistema Financeiro Nacional, decide voluntariamente não segui-las.

No Sistema Financeiro Nacional, há várias entidades responsáveis pela edição de normativas que devem ser obedecidas pelas instituições financeiras. Como exemplos: o Banco Central, a Comissão de Valores Mobiliários (CVM) e a Superintendência de Seguros Provados (Susep).

O STJ manifestou o entendimento quanto aos atos temerários de gestores de insituições financeiras:

Jurisprudência

PENAL. PROCESSO PENAL. RECURSO ESPECIAL. CRIMES CONTRA O SISTEMA FINANCEIRO NACIONAL. CONDENAÇÃO EMBASADA EM PROCESSOS ADMINISTRATIVOS SANCIONADORES DA ANTIGA BOVESPA E DO BANCO CENTRAL. CONTRADITÓRIO DIFERIDO. COTEJO COM PROVAS PRODUZIDAS EM JUÍZO. VIABILIDADE. **GESTÃO TEMERÁRIA. CRIME DOLOSO. TEMERIDADE COMO ELEMENTO VALORATIVO GLOBAL DO FATO. DOLO COMO CONSCIÊNCIA E VONTADE DE VIOLAÇÃO DAS REGRAS REGENTES DA ATIVIDADE FINANCEIRA**. DOSIMETRIA. PENA-BASE. CULPABILIDADE. VALORAÇÕES NEGATIVAS COM BASE EM ELEMENTARES DO TIPO. RECURSO ESPECIAL PARCIALMENTE PROVIDO.

[...]

4. O crime de gestão temerária (Lei nº 7.492/1986, art. 4º, p. ún.) somente admite a forma dolosa. Precedentes.

5. **A temeridade da gestão é elemento valorativo global do fato (Roxin) e, como tal, sua valoração é de competência exclusiva da ordem jurídica e não do agente. Para a caracterização do elemento subjetivo do delito não é necessária a vontade de atuar temerariamente; o que se**

> **exige é que o agente, conhecendo as circunstâncias de seu agir, transgrida voluntariamente as normas regentes da sua condição de administrador da instituição financeira.** 6. Somente podem ser sujeitos ativos dos crimes de gestão temerária de instituição financeira (Lei nº 7.492/1986, art. 4º, p. ún.) e de negociação não autorizada de títulos alheios (Lei nº 7.492/1986, art. 5º, p. ún.) as pessoas mencionadas no artigo 25 da mesma lei, mostrando-se inviável considerar elevada a culpabilidade do agente por ocupar umas das funções ali mencionadas.
>
> 7. Também é vedado o agravamento da pena com base na ganância, na violação das regras regentes da atividade financeira ou, de modo não especialmente fundamentado, no abalo à credibilidade do sistema financeiro, pois essas circunstâncias são, todas elas, intrínsecas aos tipos penais examinados. 8. O prejuízo acarretado à instituição financeira decorrente dos atos de gestão temerária, não exigido para a consumação do delito, éfundamento apto a justificar a negativação das consequências do crime.
>
> (STJ, REsp n. 1.613.260/SP, Relatora: Min. Maria Thereza de Assis Moura, data de julgamento: 08/08/2016, data de publicação: 23/08/2016, 6ª Turma, grifo nosso)

A jurisprudência citada mostra uma importante manifestação do STJ quanto à necessidade do dolo para a prática da gestão temerária.

> Art. 11. Manter ou movimentar recurso ou valor paralelamente à contabilidade exigida pela legislação:
>
> Pena – Reclusão, de 1 (um) a 5 (cinco) anos, e multa. (Brasil, 1986)

O tipo penal disposto nesse artigo estabelece duas condutas reprovadas:

- Manter: pressupõe habitualidade.
- Movimentar: dispor de recursos.

O art. 11 da Lei n. 7.492/1986 apresenta o elemento normativo "*paralelamente à contabilidade*", que remete à expressão popular "*caixa* 2", indicando que o gestor da instituição financeira manipula recursos e valores com o intuito maior de ocultá-los das autoridades, dos investidores, dos sócios (Portocarrero; Ferreira, 2019).

O tipo penal do art. 22, por sua vez, exige finalidade específica. Não basta que o agente opere no mercado de câmbio de forma não autorizada. É necessário, ainda, que ele o faça para promover a evasão de divisas.

> Art. 22. Efetuar operação de câmbio não autorizada, com o fim de promover evasão de divisas do País:
>
> Pena – Reclusão, de 2 (dois) a 6 (seis) anos, e multa.
>
> Parágrafo único. Incorre na mesma pena quem, a qualquer título, promove, sem autorização legal, a saída de moeda ou divisa para o exterior, ou nele mantiver depósitos não declarados à repartição federal competente. (Brasil, 1986)

A evasão de divisas consiste na retirada de valores do país sem observar os procedimentos adequados. Há de se considerar a Resolução n. 3.568, de 29 de maio de 2008, do Banco Central, a qual dispõe sobre o mercado de cambio. É de grande importância para a imputação do crime do art. 22 a análise em conjunto com o dispositivo citado a seguir:

> Art. 1º O mercado de câmbio brasileiro compreende as operações de compra e de venda de moeda estrangeira e as operações com ouro-instrumento cambial, realizadas com instituições autorizadas pelo Banco Central do Brasil a operar no mercado de câmbio, bem como as operações em moeda nacional entre residentes, domiciliados ou com sede no País e residentes, domiciliados ou com sede no exterior.
>
> Parágrafo único. Incluem-se no mercado de câmbio brasileiro as operações relativas aos recebimentos, pagamentos e transferências do e para o exterior mediante a utilização de cartões de uso internacional e de empresas facilitadoras de pagamentos internacionais, bem como as operações referentes às transferências financeiras postais internacionais, inclusive mediante vales postais e reembolsos postais internacionais. (Redação dada pela Resolução nº 3.997, de 28/7/2011) (Brasil, 2008a)

A Lei n. 9.069, de 29 de junho de 1995, estabelece, em seu art. 65, as condutas relacionadas à evasão de divisas:

> Art. 65. O ingresso no País e a saída do País de moeda nacional e estrangeira devem ser realizados exclusivamente por meio de

> instituição autorizada a operar no mercado de câmbio, à qual cabe a perfeita identificação do cliente ou do beneficiário.
>
> § 1º Excetua-se do disposto no caput deste artigo o porte, em espécie, dos valores:
>
> I – quando em moeda nacional, até R$ 10.000,00 (dez mil reais);
>
> II – quando em moeda estrangeira, o equivalente a R$ 10.000,00 (dez mil reais);
>
> III – quando comprovada a sua entrada no País ou sua saída do País, na forma prevista na regulamentação pertinente.
>
> § 2º O Banco Central do Brasil, segundo diretrizes do Conselho Monetário Nacional, regulamentará o disposto neste artigo, dispondo, inclusive, sobre a forma, os limites e as condições de ingresso no País e saída do País de moeda nacional e estrangeira.
>
> § 3º A não observância do contido neste artigo, além das sanções penais previstas na legislação específica, e após o devido processo legal, acarretará a perda do valor excedente dos limites referidos no § 1º deste artigo, em favor do Tesouro Nacional. (Brasil, 1995a)

Entretanto, no entendimento pacificado do STJ, o art. 65 da Lei n. 9.069/1995 exclui a tipicidade apenas em situações em que o agente tem consigo, quando da saída do país, o *quantum* de até R$ 10.000,00 (dez mil reais) ou equivalente em moeda estrangeira, sem a necessidade de apresentação de declaração eletrônica de porte de valores. Logo, operações financeiras que apresentam o dolo exigido pelo tipo penal podem ser criminalizadas, mesmo com valores iguais ou inferiores ao R$ 10.000,00 (dez mil reais), previstos no art. 65 da referida lei.

Jurisprudência

RECURSO ESPECIAL. DIREITO PENAL. LEGISLAÇÃO EXTRAVAGANTE. CRIMES CONTRA O SISTEMA FINANCEIRO NACIONAL. ART. 22 DA LEI N. 7.492/1986. SISTEMA DE DÓLAR-CABO. EVASÃO DE DIVISAS. REMESSA FRAUDULENTA DE DIVISAS AO EXTERIOR DE VALORES INFERIORES A R$ 10.000,00. ATIPICIDADE. EXTINÇÃO DA PUNIBILIDADE. NÃO OCORRÊNCIA. CONDUTA TÍPICA VERIFICADA.

Recurso especial provido.

[...]

In casu, houve a remessa de divisas para o exterior por transferência bancária (sistema de compensação), logo, independentemente de seu valor, não se lhe aplica a exceção prevista no § 1 do art. 65 da Lei n. 9.069/1995.

(STJ, REsp n. 1.367.650/RS, Relator: Min. Sebastião Reis Júnior, data de julgamento: 22/08/2016, data de publicação: 07/09/2016, 6ª Turma)

Jurisprudência

RECURSO ESPECIAL. PENAL. PROCESSUAL PENAL. VIOLAÇÃO DO ART. 381, II E III, DO CPP NÃO CONFIGURADA. PENA DE MULTA. FALTA DE FUNDAMENTAÇÃO QUANTO À CONCRETA SITUAÇÃO ECONÔMICA DO RÉU. FIXAÇÃO DO DIA-MULTA NO VALOR MÍNIMO. **EVASÃO DE DIVISAS. DIVERSAS OPERAÇÕES "DÓLAR-CABO" EM VALORES INFERIORES A R$ 10 MIL. TIPICIDADE.** VALORAÇÃO NEGATIVA DAS CIRCUNSTÂNCIAS DO DELITO EM RAZÃO DA COMPLEXIDADE DO ESQUEMA DE REMESSA DE VALORES. ADMISSIBILIDADE. RECURSO PARCIALMENTE PROVIDO.

[...]

4. A legislação autoriza, em relação ao valor inferior a R$ 10.000, 00 (ou seu equivalente em moeda estrangeira), apenas a saída física de moeda sem comunicação às autoridades brasileiras. No caso de transferência eletrônica, saída meramente escritural da moeda, a lei exige, de forma exclusiva, o processamento através do sistema bancário, com perfeita identificação do cliente ou beneficiário (Lei n. 9.069/1995, art. 65, caput).

5. **No caso das operações "dólar-cabo" existe uma grande facilidade na realização de centenas ou até milhares de operações fragmentadas sequenciais. É muito mais simples do que a transposição física, por diversas vezes, das fronteiras do país com valores inferiores a R$ 10.000,00. Admitir**

> **a atipicidade das operações do tipo "dólar-cabo" com valores inferiores a R$ 10.000,00 é fechar a janela, mas deixar a porta aberta para a saída clandestina de divisas.**
>
> (STJ, REsp n. 1.535.956 RS. Relatora: Min. Maria Thereza de Assis Moura, data de publicação: 09/03/2016, 6ª Turma, grifo nosso)

Com relação ao delito de evasão de divisas, é importante ainda a verificação da Lei n. 13.254, de 13 de janeiro de 2016, a qual dispõe sobre o Regime Especial de Regularização Cambial e Tributária de recursos, bens ou direitos de origem lícita, não delcarados ou declarados incorretamente, remetidos, mantidos no exterior ou repatriados por residentes no Brasil.

Capítulo 4

Crimes de preconceito de raça ou cor

A Lei n. 7.716, de 5 de janeiro de 1989, foi promulgada com o intuito de criminalizar as condutas de preconceito de raça ou de cor e afastar qualquer tipo de discriminação, garantindo os preceitos constitucionais da dignidade da pessoa humana e a igualdade dos cidadãos brasileiros (Brasil, 1989).

— 4.1 — Objetivo da lei

A Constituição Federal de 1988 determina, em seus arts. 3º, inciso IV, e 5º, incisos IV, VII, VIII e XLI, que o repúdio ao racismo é um dos princípios que regem a República em suas relações internacionais. Além disso, a prática de racismo é crime inafiançável e imprescritível, sujeito à pena de reclusão.

> Art. 1º Serão punidos, na forma desta Lei, os crimes resultantes de discriminação ou preconceito de raça, cor, etnia, religião ou procedência nacional. (Brasil, 1989)

Importante fixar o entendimento sobre as terminologias utilizadas pelo citado art. 1º:

- **Discriminação** é separação, segregação. Representa o rompimento da igualdade. O discurso discriminatório criminoso somente se materializa após ultrapassadas três etapas indispensáveis: a primeira, de caráter cognitivo, em que é atestada a desigualdade entre grupos e/ou indivíduos; a segunda, de viés valorativo, em que se assenta suposta relação de superioridade entre eles; e, por fim, uma terceira, em que o agente, a partir das fases anteriores, supõe legítima a dominação, exploração, escravização, eliminação, supressão ou redução de direitos fundamentais do diferente que compreende inferior. Sugerimos análise do julgado do Supremo Tribunal Federal (STF): RHC n. 134.682/BA, Relator: Min. Edson Fachin, data de julgamento: 28/11/2016, data de publicação: 28/08/2017, 1ª Turma.

- **Preconceito** é um sentimento ou ideia pré-formatada, que seja favorável ou desfavorável a determinada pessoa. O preconceito e a discriminação puníveis são aqueles relacionados à raça, à cor, à etnia, à religião ou à procedência nacional. Partindo da premissa de que não há subdivisões biológicas na espécie humana, a divisão dos seres humanos em raças resulta de um processo de conteúdo meramente político-social. Desse processo, origina-se o racismo, que, por sua vez, gera a discriminação e o preconceito segregacionista.
  Esse conceito é oriundo do precedente do STF no *Habeas Corpus* n. 82.424/RS, Relator: Moreira Alves, data de publicação: 17/09/2003.
- **Etnia** diz respeito à origem das comunidades e abarca não só características físicas, mas também componentes culturais (dialetos, religião, crenças, costumes).
- **Religião** é uma crença em comum, normalmente manifestada por meio de liturgias e normativas próprias.
- **Origem nacional** refere-se ao país de procedência do sujeito. A doutrina faz considerações sobre os locais de origem dentro

de um mesmo país, com relação a uma região específica, estado ou cidade.

É comum que os delitos tipificados na Lei n. 7.716/1989 sejam conhecidos como *crimes de racismo*. Raça e racismo são conceitos que envovem a crença na superioridade de determinada raça sobre outra, o que gera consequências sociais extremas. "A divisão dos seres humanos em raças resulta de um processo de conteúdo meramente político-social e a partir desse pressuposto origina-se o racismo que, por sua vez, gera a discriminação e o preconceito segregacionista" (Brasil, 2004).

— 4.2 —
Bem jurídico tutelado

Os bens jurídicos abarcados pela norma penal são a preservação da dignidade da pessoa humana e a igualdade entre os seres humanos perante a lei.

— 4.3 —
Sujeito ativo e sujeito passivo

Os delitos dispostos na Lei n. 7.716/1989 são considerados crimes comuns, ou seja, é a categoria do delito que não exige uma qualidade especial do agente para seu cometimento. Qualquer pessoa pode ser sujeito ativo dos delitos previstos nessa lei.

O sujeito passivo do delito, isto é, aquele que sofre a conduta típica, é a pessoa discriminada.

— 4.4 —

Delito de preconceito e discriminação

Os crimes dispostos na Lei n. 7.716/1989 são imprescritíveis, de acordo com o comando constitucional do art. 5º, inciso XLII.

> Art. 20. Praticar, induzir ou incitar a discriminação ou preconceito de raça, cor, etnia, religião ou procedência nacional.
>
> Pena: reclusão de um a três anos e multa.
>
> § 1º Fabricar, comercializar, distribuir ou veicular símbolos, emblemas, ornamentos, distintivos ou propaganda que utilizem a cruz suástica ou gamada, para fins de divulgação do nazismo.
>
> Pena: reclusão de dois a cinco anos e multa.
>
> § 2º Se qualquer dos crimes previstos no caput é cometido por intermédio dos meios de comunicação social ou publicação de qualquer natureza:
>
> Pena: reclusão de dois a cinco anos e multa.
>
> § 3º No caso do parágrafo anterior, o juiz poderá determinar, ouvido o Ministério Público ou a pedido deste, ainda antes do inquérito policial, sob pena de desobediência:
>
> I – o recolhimento imediato ou a busca e apreensão dos exemplares do material respectivo;

> II – a cessação das respectivas transmissões radiofônicas, televisivas, eletrônicas ou da publicação por qualquer meio
>
> III – a interdição das respectivas mensagens ou páginas de informação na rede mundial de computadores.
>
> § 4° Na hipótese do § 2°, constitui efeito da condenação, após o trânsito em julgado da decisão, a destruição do material apreendido. (Brasil, 1989)

A homofobia e a transfobia foram equiparados ao citado art. 20 por decisão do STF na Ação Direta de Inconstitucionalidade por Omissão (ADO) n. 26 e no Mandado de Injunção n. 4.733, ambos julgados no ano de 2019. O tipo penal criminaliza as condutas de praticar, induzir ou incitar a discriminação ou preconceito. Exige-se o dolo na vontade do agente de afirmar pretensa superioridade em virtude de raça, cor, religião, etnia ou procedência nacional.

Nesse sentido, o Tribunal Regional Federal da 4ª Região atestou:

Jurisprudência

DIREITO PROCESSUAL PENAL. ART. 20, § 2°, DA LEI N° 7.716/89. ELEMENTO SUBJETIVO. ABSOLVIÇÃO SUMÁRIA. PROSSEGUIMENTO DA AÇÃO PENAL.

1. O dolo exigido pelo tipo penal constante do art. 20, § 2º, da Lei nº 7.716/89 consiste na vontade livre e consciente de praticar, induzir ou incitar o preconceito ou discriminação racial.

(TRF4, Acr Apelação Criminal n. 5000830-02.2015.4.04.7017, Relator: Des. Gerson Luiz Rocha, data de julgamento: 17/07/2017, data de publicação: 17/07/2017, 7ª Turma, grifo nosso)

No caso *Jair Bolsonaro e a manifestação referente aos quilombolas*, exercendo mandato de deputado federal, Jair Bolsonaro teceu comentários depreciativos a quilombolas, referindo-se a estes nos seguintes termos: "*pesam sete arrobas*" e "*não faziam nada*". Em decisão proferida pelo STF, atestou-se que a conduta do então deputado federal não caracterizava o tipo penal descrito no art. 20 e, mais, que seu discurso estava amparado pela liberdade parlamentar:

Jurisprudência

DECLARAÇÕES – CARÁTER DISCRIMINATÓRIO – INEXISTÊNCIA. **Declarações desprovidas da finalidade de repressão, dominação, supressão ou eliminação não se investem de caráter discriminatório,** sendo insuscetíveis

> a caracterizarem o crime previsto no artigo 20, cabeça, da Lei nº 7.716/1989.
>
> DENÚNCIA - IMUNIDADE PARLAMENTAR - ARTIGO 53 DA CONSTITUIÇÃO FEDERAL - INCIDÊNCIA. A imunidade parlamentar pressupõe nexo de causalidade com o exercício do mandato. Declarações proferidas em razão do cargo de Deputado Federal encontram-se cobertas pela imunidade material.
>
> (STF, Inq n. 4.694/DF, Relator: Min. Marco Aurelio. Decisão: 28/08/2018, grifo nosso)

Com relação ao crime do art. 20, parágrafo 1º, da Lei n. 7.716/1989, que diz respeito a apetrechos relacionados ao nazismo (nacional-socialismo), o legislador previu no tipo penal a reprovação do agente que deseja o resultado de divulgar o nazismo. A conduta que cuida o tipo penal é incriminar o agente que utiliza da cruz suástica ou gamada como forma de divulgação dos preceitos do ideário nazista.

Os sentimentos secretos podem ser criminalizados? Não se tipifica o crime quando o agente, simpatizante do nazismo, coleciona secretamente fotos, matérias jornalísticas e material impresso, apetrechos e medalhas, com o intuito de dar vazão a suas ideias. A uma, porque sentimentos não exteriorizados e que não produzam lesão a bens jurídicos de terceiros não devem ser considerados típicos, em virtude do princípio da lesividade. A duas, porque o tipo penal exige que o agente atue para divulgação daquela doutrina racista e antissemita, o que não ocorre *in casu* (Portocarrero; Ferreira, 2019). A esse respeito, indicamos a leitura da matéria jornalística intitulada "Polícia Civil de SC diz que não é crime ter suástica em propriedade privada"[1].

Por sua vez, o art. 2°, parágrafo 2°, da Lei n. 7.716/1989 dispõe do aumento de pena para o delito cometido através de meios de comunicação social ou via publicação. Como exemplo, uma conduta considerada racista transmitida via televisão, rádio ou pela rede mundial de computadores é punida com pena de reclusão de dois a cinco anos e multa.

---

1 BERTOLINI, J. Polícia Civil de SC diz que não é crime ter suástica em propriedade privada. **Folha de S.Paulo**, 9 dez. 2014. Disponível em <https://www1.folha.uol.com.br/cotidiano/2014/12/1559795-policia-civil-descobre-piscina-com-suastica-em-casa-de-professor-de-sc.shtml>. Acesso em: 20 nov. 2020.

Capítulo 5

Crimes hediondos

A Lei dos Crimes Hediondos foi editada no ano de 1990 e consagrou a intenção do legislador na vontade parlamentar de estabelecer resposta penal mais severa aos autores de crimes hediondos e àqueles equiparados.

— 5.1 — Objetivo da lei

A proteção específica em relação aos chamados *crimes hediondos* encontra fundamento constitucional no art. 5º, inciso XLIII, da Constituição Federal de 1988, o qual dispõe que "a lei considerará crimes inafiançáveis e insuscetíveis de graça ou anistia a prática de tortura, o tráfico ilícito de entorpecentes e drogas afins, o terrorismo e os definidos como crimes hediondos, por eles respondendo os mandantes, os executores e os que, podendo evitá-los, se omitirem" (Brasil, 1988).

O legislador constituinte conferiu grande destaque aos crimes que viessem a ser definidos como hediondos, atribuindo tratamento diferenciado e com maior rigidez por parte do Estado.

— 5.2 — Conceito de crime hediondo

A Lei dos Crimes Hediondos – Lei n. 8.072, de 25 de julho de 1990 (Brasil, 1990a) – não estabelece o conceito de crime hediondo, ficando tal missão sob os cuidados da doutrina e da vontade do legislador. Muitas vezes, relaciona-se o conceito de crime hediondo com a ideia de uma conduta que gera o inconformismo social, ou seja, aquela conduta abjeta, vil, cruel, sendo o referido pensamento exposto, não raro, pela própria doutrina nacional.

A Lei n. 8.072/1990 adota um critério objetivo sobre o que vem a ser crime hediondo. Na verdade, ela não define o que é, mas apresenta o rol dos crimes considerados hediondos em seu art. 1º. Assim, um delito que atualmente não consta no referido elenco de crimes hediondos pode, em um futuro próximo, passar a integrá-lo, o que reafirma o critério eminentemente objetivo adotado pelo legislador (Favoretto; Martins; Knippel, 2010).

— 5.3 — Crimes em espécie

A Lei n. 13.964, de 24 de dezembro de 2019 (Brasil, 2019d), conhecida como *Pacote Anticrime* ou *Pacote Anticorrupção*, alterou dispositivos da Lei de Crimes Hediondos[1]:

> Art. 1º São considerados hediondos os seguintes crimes, todos tipificados no Decreto-Lei no 2.848, de 7 de dezembro de 1940 – Código Penal, consumados ou tentados:
>
> I – homicídio (art. 121), quando praticado em atividade típica de grupo de extermínio, ainda que cometido por um só agente,

1 Sugere-se a leitura de: Cunha, 2020.

e homicídio qualificado (art. 121, § 2º, incisos I, II, III, IV, V, VI, VII e VIII); (Redação dada pela Lei nº 13.964, de 2019)

I-A – lesão corporal dolosa de natureza gravíssima (art. 129, § 2º) e lesão corporal seguida de morte (art. 129, § 3º, quando praticadas contra autoridade ou agente descrito nos arts. 142 e 144 da Constituição Federal, integrantes do sistema prisional e da Força Nacional de Segurança Pública, no exercício da função ou em decorrência dela, ou contra seu cônjuge, companheiro ou parente consanguíneo até terceiro grau, em razão dessa condição;

II – roubo:

a) circunstanciado pela restrição de liberdade da vítima (art. 157, § 2º, inciso V);

b) circunstanciado pelo emprego de arma de fogo (art. 157, § 2º-A, inciso I) ou pelo emprego de arma de fogo de uso proibido ou restrito (art. 157, § 2º-B);

c) qualificado pelo resultado lesão corporal grave ou morte (art. 157, § 3º); (Incluído pela Lei nº 13.964, de 2019)

III – extorsão qualificada pela restrição da liberdade da vítima, ocorrência de lesão corporal ou morte (art. 158, § 3º); (Redação dada pela Lei nº 13.964, de 2019)

IV – extorsão mediante sequestro e na forma qualificada (art. 159, caput, e §§ 1º, 2º e 3º);

V – estupro (art. 213, caput e §§ 1º e 2º);

VI – estupro de vulnerável (art. 217-A, caput e §§ 1º, 2º, 3º e 4º);

VII – epidemia com resultado morte (art. 267, § 1º).

[...]

VII-B – falsificação, corrupção, adulteração ou alteração de produto destinado a fins terapêuticos ou medicinais (art. 273, caput e § 1º, § 1º-A e § 1º-B, com a redação dada pela Lei nº 9.677, de 2 de julho de 1998).

VIII – favorecimento da prostituição ou de outra forma de exploração sexual de criança ou adolescente ou de vulnerável (art. 218-B, caput, e §§ 1º e 2º).

IX – furto qualificado pelo emprego de explosivo ou de artefato análogo que cause perigo comum (art. 155, § 4º-A). (Incluído pela Lei nº 13.964, de 2019)

Parágrafo único. Consideram-se também hediondos, tentados ou consumados:

I – o crime de genocídio, previsto nos arts. 1º, 2º e 3º da Lei nº 2.889, de 1º de outubro de 1956;

II – o crime de posse ou porte ilegal de arma de fogo de uso proibido, previsto no art. 16 da Lei nº 10.826, de 22 de dezembro de 2003;

III – o crime de comércio ilegal de armas de fogo, previsto no art. 17 da Lei nº 10.826, de 22 de dezembro de 2003;

IV – o crime de tráfico internacional de arma de fogo, acessório ou munição, previsto no art. 18 da Lei nº 10.826, de 22 de dezembro de 2003;

V – o crime de organização criminosa, quando direcionado à prática de crime hediondo ou equiparado. (Incluído pela Lei nº 13.964, de 2019) (Brasil, 1990a)

O art. 33 (tráfico de drogas) da Lei n. 11.343, de 23 de agosto de 2006 (Brasil, 2006b) – Lei de Entorpecentes –, por força do art. 5º, inciso XLIII, da Constituição Federal, é equiparado a crime hediondo.

A Lei n. 13.964/2019 também promoveu mudanças na Lei de Execução Penal – Lei n. 7.210, de 11 de julho de 1984 –, afetando o rol dos delitos hediondos e aqueles equiparados. Deve-se atentar para a alteração do parágrafo 5º do art. 112 da Lei de Execução Penal, no tocante ao conhecido como *tráfico privilegiado*:

> § 5º Não se **considera hediondo ou equiparado**, para os fins deste artigo, o crime de tráfico de drogas previsto no § 4º do art. 33 da Lei nº 11.343, de 23 de agosto de 2006. (Brasil, 1984, grifo nosso)

Os crimes equiparados a crime hediondo estão dispostos no art. 5º, inciso XLIII, da Constituição Federal:

> Art. 5º Todos são iguais perante a lei, sem distinção de qualquer natureza, garantindo-se aos brasileiros e aos estrangeiros residentes no País a inviolabilidade do direito à vida, à liberdade, à igualdade, à segurança e à propriedade, nos termos seguintes:
>
> [...]
>
> XLIII – a lei considerará crimes inafiançáveis e insuscetíveis de graça ou anistia a **prática da tortura, o tráfico ilícito de entorpecentes e drogas afins, o terrorismo e os definidos**

> **como crimes hediondos**, por eles respondendo os mandantes, os executores e os que, podendo evitá-los, se omitirem. (Brasil, 1988, grifo nosso)

— 5.4 —
Consequências jurídicas dos crimes hediondos

Vejamos as restrições legais dispostas na Lei n. 8.072/1990:

> Art. 2º Os crimes hediondos, a prática da tortura, o tráfico ilícito de entorpecentes e drogas afins e o terrorismo são insuscetíveis de:
>
> I - anistia, graça e indulto;
>
> II - fiança (Brasil, 1990a)

O Supremo Tribunal Federal (STF) julgou inconstitucional o início de cumprimento de pena para crimes hediondos no regime fechado, conforme teor da Súmula Vinculante n. 26:

> Para efeito de progressão de regime no cumprimento de pena por crime hediondo, ou equiparado, o juízo da execução observará a inconstitucionalidade do art. 2º da Lei 8.072, de 25 de julho de 1990, sem prejuízo de avaliar se o condenado preenche, ou não, os requisitos objetivos e subjetivos do benefício, podendo determinar, para tal fim, de modo fundamentado, a realização de exame criminológico. (Brasil, 2009d)

> É inconstitucional a fixação *ex lege*, com base no art. 2°, § 1°, da Lei 8.072/1990, do regime inicial fechado, devendo o julgador, quando da condenação, ater-se aos parâmetros previstos no artigo 33 do Código Penal. (Tese de Repercussão Geral definida no ARE n. 1.052.700/RG, Relator: Min. Edson Fachin, data de julgamento: 02/11/2017, data de publicação: 01/02/2018. Tema 972)

De acordo com o art. 2°, parágrafo 2°, da Lei n. 8.072/1990, a progressão de regime ocorrerá da seguinte maneira: 2/5 ao apenado primário e 3/5 se reincidente. Verifica-se a decisão do Superior Tribunal de Justiça (STJ) a seguir:

Jurisprudência

PROCESSO PENAL. AGRAVO REGIMENTAL EM RECURSO ESPECIAL. EXECUÇÃO PENAL. PROGRESSÃO DE REGIME. CRIME HEDIONDO. REINCIDÊNCIA ESPECÍFICA. DESNECESSIDADE. LAPSO TEMPORAL DE 3/5. AGRAVO REGIMENTAL NÃO PROVIDO.

1. A Lei n. 11.464/2007, introduzindo nova redação ao art. 2°, § 2°, da Lei dos Crimes Hediondos, previu lapsos mais gravosos à progressão de regime, ao estabelecer que a promoção ao novo regime prisional ocorrerá após o resgate de 2/5 da pena corporal, se o condenado for primário, e 3/5, se reincidente.

> 2. **A jurisprudência desta Corte firmou-se no sentido de que a prática de delito hediondo, na vigência da Lei n. 11.4646/2007, impõe o cumprimento de 2/5 da pena, para o apenado primário, e de 3/5, para o reincidente, a fim de que seja concedida a progressão de regime, sendo desnecessária que a reincidência seja específica.**
>
> 3. In casu, ostentando o agravante a condição de reincidente, que emergiu com a prática de 4 novos crimes, todos na data de 9/4/2016, após o trânsito em julgado do primeiro (2/3/2016), deve ser observado o lapso temporal de 3/5 de pena cumprida, para fins de obtenção da progressão de regime, conforme determina o art. 2º, § 2º, da Lei n. 8.072/1990.
>
> 4. Agravo regimental não provido.
>
> (STJ, Agrg no REsp n. 1.736.709/RO. Relator: Min. Ribeiro Dantas, data de julgamento: 01/10/2018, data de publicação: 09/10/2018, 5ª Turma, grifo nosso)

A Lei n. 13.964, de 24 de dezembro de 2019, conhecida como *pacote anticrime* ou *pacote anticorrupção*, alterou dispositivos que se relacionam com a Lei de Crimes Hediondos. Vejamos na Lei de Execuções Penais[2] – Lei n. 7.210/1984:

---

2 Recomenda-se a leitura de: Brito, 2019.

Art. 112. A pena privativa de liberdade será executada em forma progressiva com a transferência para regime menos rigoroso, a ser determinada pelo juiz, quando o preso tiver cumprido ao menos:

[...]

V - 40% (quarenta por cento) da pena, se o apenado for condenado pela prática de **crime hediondo ou equiparado**, se for primário;

VI - 50% (cinquenta por cento) da pena, se o apenado for:

a) condenado pela prática de **crime hediondo ou equiparado**, com resultado morte, se for primário, vedado o livramento condicional;

b) condenado por exercer o comando, individual ou coletivo, de organização criminosa estruturada para a prática de **crime hediondo ou equiparado**; ou

c) condenado pela prática do crime de constituição de milícia privada;

VII - 60% (sessenta por cento) da pena, se o apenado for reincidente na prática de **crime hediondo ou equiparado**;

VIII - 70% (setenta por cento) da pena, se o apenado for reincidente em **crime hediondo ou equiparado com resultado morte**, vedado o livramento condicional.

[...]

Art. 122. Os condenados que cumprem pena em regime semiaberto poderão obter autorização para saída temporária do estabelecimento, sem vigilância direta, nos seguintes casos:

> [...]
>
> § 2º Não terá direito à saída temporária a que se refere o **caput** deste artigo o condenado que cumpre pena por praticar **crime hediondo** com resultado morte. (Brasil, 1984, grifo nosso)

Dessa forma, tem-se que o Pacote Anticrime (Lei n. 13.964/2019) tornou ainda mais severa a progressão de regime, recrudescendo o cumprimento da reprimenda penal imposta em sentença condenatória.

Capítulo 6

Crimes contra a ordem tributária

Ao tratar dos delitos contra a ordem tributária, faz-se necessária a aproximação com o direito tributário, como intuito de pleno entendimento dos tipos penais em análise. Portanto, é de suma importância a conjugugacão desses ramos do ordenamento jurídico para o estudo em questão.

— 6.1 — Objetivo da lei

É evidente a relevância dos tributos no ordenamento jurídico e sua importância para a manutenção do Estado. Desse modo, o legislador atribuiu para determinadas condutas a tutela penal, como forma máxima de proteção aos bem jurídicos. Assim, a Lei de Crimes contra a Ordem Tributária foi promulgada para definir os delitos tributários, visando à manutenção da arrecadação tributária.

— 6.2 — Crimes em espécie

Vejamos o que diz o art. 1º da Lei n. 8.137, de 27 de dezembro de 1990:

> Art. 1º Constitui crime contra a ordem tributária suprimir ou reduzir tributo, ou contribuição social e qualquer acessório, mediante as seguintes condutas:

> I - omitir informação, ou prestar declaração falsa às autoridades fazendárias;
>
> II - fraudar a fiscalização tributária, inserindo elementos inexatos, ou omitindo operação de qualquer natureza, em documento ou livro exigido pela lei fiscal;
>
> III - falsificar ou alterar nota fiscal, fatura, duplicata, nota de venda, ou qualquer outro documento relativo à operação tributável;
>
> IV - elaborar, distribuir, fornecer, emitir ou utilizar documento que saiba ou deva saber falso ou inexato;
>
> V - negar ou deixar de fornecer, quando obrigatório, nota fiscal ou documento equivalente, relativa a venda de mercadoria ou prestação de serviço, efetivamente realizada, ou fornecê-la em desacordo com a legislação.
>
> Pena - reclusão de 2 (dois) a 5 (cinco) anos, e multa.
>
> Parágrafo único. A falta de atendimento da exigência da autoridade, no prazo de 10 (dez) dias, que poderá ser convertido em horas em razão da maior ou menor complexidade da matéria ou da dificuldade quanto ao atendimento da exigência, caracteriza a infração prevista no inciso V. (Brasil, 1990c)

Os incisos dispostos no citado art. 1º são as formas utilizadas pelo agente para a prática da conduta reprovada no *caput*. Dessa forma, em atenção ao princípio da taxatividade do direito penal, a conduta apenas será punida se o agente reduzir ou suprimir o tributo mediante as condutas dispostas nos incisos.

Deve-se estar atento ao fato de que as condutas apresentadas nos incisos estão relacionadas a obrigações acessórias, que são obrigações do sujeito passivo (contribuinte) perante a fiscalização tributária. As obrigações acessórias estão dispostas no Código Tributário Nacional (CTN):

> Art. 113. A obrigação tributária é principal ou acessória.
>
> [...]
>
> § 2º A obrigação acessória decorre da legislação tributária e tem por objeto as prestações, positivas ou negativas, nela previstas no interesse da arrecadação ou da fiscalização dos tributos.
>
> § 3º A obrigação acessória, pelo simples fato da sua inobservância, converte-se em obrigação principal relativamente à penalidade pecuniária. (Brasil, 1966)

Frisamos que o direito penal não é a via adequada para a cobrança dos tributos, exigindo o adimplemento do contribuinte, mas tão somente a forma de criminalizar condutas descritas como reprováveis na legislação. Entretanto, é fato que o Estado se vale das reprimendas penais como forma de coação ao contribuinte, visando à arrecadação tributária.

— 6.3 —
Sujeito ativo e sujeito passivo

Os delitos dispostos na Lei n. 8.137/1990 são considerados crimes próprios, ou seja, é a categoria do delito que exige uma qualidade especial do agente para seu cometimento. O sujeito ativo dos delitos é aquele que tem relação com o fisco, no caso, o contribuinte. Como sujeito passivo desses delitos, isto é, aquele que sofre a conduta típica, podem figurar Estado e a Fazenda Pública.

— 6.4 —
Consumação do delito

A consumação do delito disposto no art. 1º da Lei n. 8.137/1990 atesta-se com o resultado típico danoso, ou seja, a efetiva supressão ou diminuição do tributo após o lançamento definitivo. Nesse sentido, o Supremo Tribunal Federal (STF) entende que as condutas previstas no art. 1º, incisos I a IV, caracterizam o tipo penal como crime material, de forma que o lançamento definitivo do tributo é necessário para a consumação do crime. De acordo com a Súmula Vinculante n. 24 do STF, "Não se tipifica crime material contra a ordem tributária, previsto no art. 1º, incisos I a IV, da Lei 8.137/1990, antes do lançamento definitivo do tributo" (Brasil, 2009c).

Ressaltamos que o inciso V do art. 1º da Lei n. 8.137/1990 não foi contemplado pela Súmula Vinculante n. 24 do STF. Em análise da jurisprudência sobre o tema, a tese majoritária é a de que ele também é crime material, pela mesma lógica que os demais: o tipo penal diz "suprimir ou reduzir tributo". Portanto, há a exigência do efetivo dano para a consumação do delito.

A jurisprudência a seguir exemplifica conduta omissiva de não prestação de declaração de Imposto de Renda:

Jurisprudência

RECURSO ESPECIAL. CRIME CONTRA A ORDEM TRIBUTÁRIA. ARTIGO 1º, I, DA LEI N. 8.137/1990. NÃO APRESENTAÇÃO DE DECLARAÇÃO DE IMPOSTO DE RENDA DA PESSOA FÍSICA. ENQUADRAMENTO TÍPICO. RECURSO PROVIDO.

Hipótese em que o Tribunal Regional Federal da 3ª Região, de ofício, absolveu o réu do delito descrito no artigo 1º, I, da Lei n. 8.137/1990, sob o fundamento de que a não apresentação de declaração de imposto de renda de pessoa física não caracteriza a materialidade delitiva do crime a ele imputado.

2. Este Superior Tribunal de Justiça firmou entendimento no sentido de que "**a conduta omissiva de não prestar declaração ao Fisco com o fim de obter a redução ou supressão de tributo, quando atinge o resultado almejado, consubstancia crime de sonegação fiscal, na modalidade do inciso**

I do art. 1º da Lei n. 8.137/1990" (REsp 1.637.117/SP, Relator Ministro SEBASTIÃO REIS JÚNIOR, SEXTA TURMA, julgado em 07/03/2017, DJe 13/03/2017).

3. Recurso provido.

(STJ, REsp n. 1.734.808/SP, Relator: Min. Jorge Mussi, data de julgamento: 22/10/2018, data de publicação: 28/10/2018, 5ª Turma, grifo nosso)

A seguir, vejamos acórdão do Superior Tribunal de Justiça (STJ) sobre a desnecessidade do exaurimento do procedimento administrativo para o início da persecução penal:

Jurisprudência

RECURSO ESPECIAL. CRIME CONTRA A ORDEM TRIBUTÁRIA. ART. 1º, V, DA LEI N. 8.137/1990. SÚMULA VINCULANTE N. 24 DO STF. INAPLICABILIDADE. EXAURIMENTO DO PROCEDIMENTO ADMINISTRATIVO. PRESCINDIBILIDADE. RECURSO NÃO PROVIDO.

1. **A teor da jurisprudência deste Superior Tribunal, é prescindível prévio exaurimento de processo fiscal para o desencadeamento da persecução penal relacionada ao crime do art. 1º, V, da Lei n. 8.137/1990**. Precedentes.

2. Não é possível elastecer o comando da Súmula Vinculante n. 24 do STF a condutas que refogem aos tipos dos incisos I a IV da Lei n. 8.137/1990, não apenas em razão da literalidade do enunciado, mas, sobretudo, em respeito aos precedentes do Supremo Tribunal Federal relativos ao cerne da questão.

3. Recurso especial não provido.

(STJ, REsp n. 1.377.513/DF, Relator: Min. Rogerio Schietti Cruz, data de julgamento: 13/02/2017, data de publicação: 22/02/2017, 6ª Turma, grifo nosso)

Sobre a imprescindibilidade da constituição definitiva do crédito tributário para consumação do delito, confira a jurisprudência que segue:

Jurisprudência

AGRAVO REGIMENTAL NO RECURSO EXTRAORDINÁRIO COM AGRAVO. MATÉRIA CRIMINAL. AUSÊNCIA DE PREQUESTIONAMENTO. REEXAME DE FATOS E PROVAS. SÚMULA 279 DO STF. MATÉRIA INFRACONSTITUCIONAL. OFENSA REFLEXA. AGRAVO REGIMENTAL DESPROVIDO.

> 1. É inadmissível o recurso extraordinário quando a matéria constitucional suscitada não tiver sido apreciada pelo acórdão recorrido. Súmula 282 do STF.
>
> 2. **A consumação do delito tipificado no art. 1º da Lei 8.137/1990 somente se verifica com a constituição definitiva do crédito tributário. Precedentes.**
>
> (STF, Agr Are n. 1.009.844/SP, Relator: Min. Edson Fachin, data de julgamento: 10/09/2017, data de publicação: 20/09/2017, 2ª Turma, grifo nosso)

A Súmula Vinculante n. 24 é expressa ao versar sobre sua aplicação apenas ao art. 1º, indicando sua inaplicabilidade aos delitos do art. 2º da Lei n. 8.137/1990, quais sejam:

> Art. 2º Constitui crime da mesma natureza:
>
> I – fazer declaração falsa ou omitir declaração sobre rendas, bens ou fatos, ou empregar outra fraude, para eximir-se, total ou parcialmente, de pagamento de tributo;
>
> II – deixar de recolher, no prazo legal, valor de tributo ou de contribuição social, descontado ou cobrado, na qualidade de sujeito passivo de obrigação e que deveria recolher aos cofres públicos;
>
> III – exigir, pagar ou receber, para si ou para o contribuinte beneficiário, qualquer percentagem sobre a parcela dedutível ou deduzida de imposto ou de contribuição como incentivo fiscal;

> IV – deixar de aplicar, ou aplicar em desacordo com o estatuído, incentivo fiscal ou parcelas de imposto liberadas por órgão ou entidade de desenvolvimento;
>
> V – utilizar ou divulgar programa de processamento de dados que permita ao sujeito passivo da obrigação tributária possuir informação contábil diversa daquela que é, por lei, fornecida à Fazenda Pública.
>
> Pena – detenção, de 6 (seis) meses a 2 (dois) anos, e multa. (Brasil, 1990c)

O crime do art. 1º, inciso I, da Lei n. 8.137/1990, sendo um crime material, descreve o resultado e exige sua superveniência para que se considere consumado. Quanto ao delito do art. 2º, inciso I, trata-se de um crime formal, pois, embora o agente atue com vistas a um especial fim de agir, qual seja, a redução ou supressão do tributo, o referido resultado não precisará ser alcançado para que se considere praticado o crime, bastando a realização da conduta descrita na norma. Desse modo, é evidente a diferença entre o crime do art. 1º, inciso I, e o crime do art. 2º, inciso I (Portocarrero; Ferreira, 2019).

O delito previsto no art. 2º é da mesma natureza da do anterior, sendo, entretanto, condutas menos gravosas e com consequências jurídicas mais brandas. O tipo penal descreve condutas comissivas (fazer declaração falsa, empregar fraude) e condutas omissivas (omitir declaração).

A jurisprudência a seguir aponta para um caso de conduta dolosa do não recolhimento de ICMS:

Jurisprudência

RECURSO ORDINÁRIO EM HABEAS CORPUS. ATIPICIDADE DA CONDUTA. NÃO RECOLHIMENTO DE ICMS DECLARADO PELO PRÓPRIO CONTRIBUINTE. FATO QUE SE AMOLDA AO CRIME PREVISTO NO ARTIGO 2º, INCISO II, DA LEI 8.137/1990. COAÇÃO ILEGAL NÃO CARACTERIZADA.

1. **A colenda 3ª Seção desta Corte Superior de Justiça, no julgamento do HC 399.109/SC, pacificou o entendimento de que de que em qualquer hipótese de não recolhimento de ICMS, comprovado o dolo, configura-se o crime tipificado no artigo 2º, inciso II, da Lei 8.137/1990**. Ressalva do ponto de vista do Relator.

2. No caso dos autos, a recorrente foi acusada de não efetuar, no prazo legal, o recolhimento de ICMS apurado e declarado, conduta que se amolda, em tese, ao tipo do artigo 2º, inciso II, da Lei 8.137/1990, o que impede o trancamento do processo, como pretendido. Precedente.

3. Recurso desprovido, cassando-se a liminar anteriormente deferida.

(STJ, RHC n. 93.725/SC, Relator: Min. Jorge Mussi, data de julgamento: 10/09/2018, data de publicação: 18/09/2018, 5ª Turma, grifo nosso)

Novo entendimento do STF: em data de 18 de dezembro de 2019, o STF finalizou o julgamento que permite a criminalização do não recolhimento de ICMS declarado, em decisão no Recurso em *Habeas Corpus* n. 163.334 (Brasil, 2020). Os ministros fixaram a tese de que o contribuinte que deixa de recolher o ICMS pratica crime desde que haja dolo. Nessa decisão, o Plenário do STF fixou a tese de que "o contribuinte que de forma contumaz e com dolo de apropriação deixa de recolher o ICMS cobrado do adquirente da mercadoria ou serviço incide no tipo penal do artigo 2° inciso II da lei 8137/1990" (STF, 2019a).

— 6.5 —
Causas de aumento de pena

O art. 12 da Lei n. 8.137/1990 aponta as causas de aumento de pena:

> Art. 12. São circunstâncias que podem agravar de 1/3 (um terço) até a metade as penas previstas nos arts. 1°, 2° e 4° a 7°:
>
> I - ocasionar grave dano à coletividade;
>
> II - ser o crime cometido por servidor público no exercício de suas funções;
>
> III - ser o crime praticado em relação à prestação de serviços ou ao comércio de bens essenciais à vida ou à saúde. (Brasil, 1990c)

Em ambos os delitos (arts. 1º e 2º), se das condutas praticadas pelo agente resultar grave dano à sociedade, ou se forem praticadas por servidor público no exercício das funções, ou, ainda, se forem praticadas com relação à prestação de serviços ou ao comércio de bens essenciais à vida ou à saúde, a pena é aumentada de 1/3 à metade.

— 6.6 —
Extinção da punibilidade nos delitos tributários

O pagamento do débito tributário é causa extintiva de punibilidade, nos termos do art. 34 da Lei n. 9.245, de 26 de dezembro de 1995, e art. 83, parágrafo 6º, da Lei n. 9.430, de 27 de dezembro de 1996.

E se houver o parcelamento da dívida tributária? Durante o parcelamento da dívida tributária, não se opera a extinção da punibilidade do agente, apenas havendo o instituto quando findado o pagamento integral do tributo. Entretanto, o parcelamento da dívida tributária pode suspender a pretensão punitiva do Estado frente ao contribuinte. Essa previsão está contida no art. 9º da Lei n. 10.684, de 30 de maio de 2003:

> Art. 9º É suspensa a pretensão punitiva do Estado, referente aos crimes previstos nos arts. 1º e 2º da Lei nº 8.137, de 27 de dezembro de 1990, e nos arts. 168A e 337A do Decreto-Lei

nº 2.848, de 7 de dezembro de 1940 – Código Penal, durante o período em que a pessoa jurídica relacionada com o agente dos aludidos crimes estiver incluída no regime de parcelamento.

§ 1º A prescrição criminal não corre durante o período de suspensão da pretensão punitiva.

§ 2º Extingue-se a punibilidade dos crimes referidos neste artigo quando a pessoa jurídica relacionada com o agente efetuar o pagamento integral dos débitos oriundos de tributos e contribuições sociais, inclusive acessórios. (Brasil, 2003a)

Jurisprudência

CRIMINAL. RESP. OMISSÃO NO RECOLHIMENTO DE CONTRIBUIÇÕES PREVIDENCIÁRIAS. PARCELAMENTO APÓS O RECEBIMENTO DA DENÚNCIA. LEI 10.684/2003. RETROAÇÃO. POSSIBILIDADE. SUSPENSÃO DA PRETENSÃO PUNITIVA ESTATAL. RECURSO PROVIDO.

I. **O parcelamento dos débitos relativos às contribuições previdenciárias descontadas dos empregados, deferido pela autoridade administrativa, permite a suspensão da pretensão punitiva, nos termos do art. 9º, caput e § 1º, da Lei 10.684/03, mesmo que realizado após o recebimento da denúncia.**

II. Uma vez concedido o parcelamento dos débitos previdenciários – não obstante a vedação contida no art. 7º da

> Lei 10.666/03 –, deve ser reconhecido o direito à suspensão da pretensão punitiva estatal e da execução penal.
>
> III. Recurso provido.
>
> (STJ, REsp n. 884.057/RS, Relator: Min. Gilson Dipp, data de julgamento: 10/05/2007, data de publicação: 29/06/2007, 5ª Turma, grifo nosso)

O art. 3° da Lei n. 8.137/1990 prevê os crimes chamados *funcionais*, ou seja, são praticados por funcionários públicos no exercício de suas funções. Dessa forma, por exigir qualidade especial do agente, são denominados *crimes próprios*. O sujeito ativo é o funcionário público.

> Art. 3° Constitui crime funcional contra a ordem tributária, além dos previstos no Decreto-Lei n° 2.848, de 7 de dezembro de 1940 – Código Penal (Título XI, Capítulo I):
>
> I – extraviar livro oficial, processo fiscal ou qualquer documento, de que tenha a guarda em razão da função; sonegá-lo, ou inutilizá-lo, total ou parcialmente, acarretando pagamento indevido ou inexato de tributo ou contribuição social;
>
> II – exigir, solicitar ou receber, para si ou para outrem, direta ou indiretamente, ainda que fora da função ou antes de iniciar seu exercício, mas em razão dela, vantagem indevida; ou aceitar promessa de tal vantagem, para deixar de lançar ou cobrar tributo ou contribuição social, ou cobrá-los parcialmente. Pena – reclusão, de 3 (três) a 8 (oito) anos, e multa.

III – patrocinar, direta ou indiretamente, interesse privado perante a administração fazendária, valendo-se da qualidade de funcionário público. Pena – reclusão, de 1 (um) a 4 (quatro) anos, e multa. (Brasil, 1990c)

Jurisprudência

HABEAS CORPUS. PENAL. **CRIMES CONTRA A ORDEM TRIBUTÁRIA. DELITOS PREVISTOS NOS ARTS. 1º, III, E 3º, II, AMBOS DA LEI N. 8.137/1990. AUDITORES FISCAIS DA RECEITA DO ESTADO DO PARANÁ QUE SE UTILIZARAM DO CARGO PÚBLICO PARA EXIGIR VANTAGEM INDEVIDA, BEM COMO FORAM RESPONSÁVEIS PELA FALSIFICAÇÃO DE NOTAS FISCAIS. DOSIMETRIA. ART. 1º, III, DA LEI N. 8.137/1990**. CULPABILIDADE, CONSEQUÊNCIAS E MOTIVOS DO CRIME. VALORAÇÃO DESFAVORÁVEL. DISCRICIONARIEDADE VINCULADA DO MAGISTRADO. VIA INADEQUADA PARA REVISÃO. AUSÊNCIA DE PATENTE CONSTRANGIMENTO ILEGAL. ART. 3º, II, DA LEI N. 8.137/1990. PENA-BASE. CULPABILIDADE. FUNDAMENTAÇÃO IDÔNEA. QUANTUM DE AUMENTO. TRATAMENTO DIFERENCIADO PARA CORRÉU EM IDÊNTICA SITUAÇÃO. IMPOSSIBILIDADE. MOTIVOS DO CRIME. BUSCA DO LUCRO. FUNDAMENTAÇÃO INIDÔNEA. CONSTRANGIMENTO ILEGAL CONFIGURADO NO PONTO. AGRAVO REGIMENTAL INTERPOSTO CONTRA A DECISÃO DE INDEFERIMENTO DO PEDIDO LIMINAR. PERDA DO OBJETO.

1. O julgador deve, ao individualizar a pena, examinar com acuidade os elementos que dizem respeito ao fato, para aplicar, de forma justa e fundamentada, a reprimenda que seja necessária e suficiente para reprovação do crime. Especialmente, quando considerar desfavoráveis as circunstâncias judiciais, deve o Magistrado declinar, motivadamente, as suas razões, pois a inobservância dessa regra ofende o preceito contido no art. 93, IX, da Constituição da República.

2. Quanto aos crimes do art. 3º, II, da Lei n. 8.137/1990, a indicação do concurso de agentes, que não é inerente ao tipo penal pelo qual os pacientes foram condenados, demonstra uma maior reprovabilidade da conduta, a justificar a valoração negativa da culpabilidade. De igual modo está devidamente justificado o aumento quanto às consequências em razão do recebimento pelos pacientes de quantia elevada.

3. Quanto ao crime do art. 1º, III, da Lei n. 8.137/1990, os acusados foram responsáveis pela falsificação de notas fiscais. A indicação do concurso de agentes, que não é inerente ao tipo penal pelo qual os pacientes foram condenados, demonstra uma maior reprovabilidade da conduta, a justificar a valoração negativa da culpabilidade. Agravo regimental prejudicado.

(STJ, HC n. 465.797/PR, Relatora: Min. Laurita Vaz, data de julgamento: 05/11/2018, data de publicação: 12/12/2018, 6ª Turma, grifo nosso)

Essa decisão atesta a necessidade de o delito do art. 3º ser cometido por funcionário público. No caso desse acódão, os agentes perpetradores do delito eram auditores fiscais.

— 6.7 —

Competência para julgamento

A competência para o julgamento será fixada pela natureza do tributo, ou seja, se o tributo é federal, a competência será da Justiça Federal. Em caso de tributos estaduais e municipais, a competência será da Justiça Estadual.

Capítulo 7

Crimes contra a ordem econômica e as relações de consumo

O legislador trouxe ao ordenamento jurídico penal a definição dos crimes contra a ordem econômica e contra as relações de consumo em atenção ao momento histórico (1990) que demandava a reprovação penal para os atos descritos na lei.

— 7.1 —

Objetivo da lei

O legislador atentou-se para a manutenção da boa ordem econômica, sendo ela de interesse de toda a sociedade. Segundo a Constituição Federal, a ordem econômica tem por fim assegurar a todos uma existência digna, conforme os ditames da justiça social (Brasil, 1988). O conceito de ordem econômica está no Título VII da Constituição Federal, e seus princípios estão dispostos em seu art. 170:

> Art. 170. A ordem econômica, fundada na valorização do trabalho humano e na livre iniciativa, tem por fim assegurar a todos existência digna, conforme os ditames da justiça social, observados os seguintes princípios:
>
> I - soberania nacional;
>
> II - propriedade privada;
>
> III - função social da propriedade;
>
> IV - livre concorrência;
>
> V - defesa do consumidor;

> VI - defesa do meio ambiente, inclusive mediante tratamento diferenciado conforme o impacto ambiental dos produtos e serviços e de seus processos de elaboração e prestação;
>
> VII - redução das desigualdades regionais e sociais;
>
> VIII - busca do pleno emprego;
>
> IX - tratamento favorecido para as empresas de pequeno porte constituídas sob as leis brasileiras e que tenham sua sede e administração no País.
>
> Parágrafo único. É assegurado a todos o livre exercício de qualquer atividade econômica, independentemente de autorização de órgãos públicos, salvo nos casos previstos em lei. (Brasil, 1988)

Com isso, o legislador originário trouxe preceitos já delimitados na Constituicão como forma sistemática de definição de conceitos e dos respectivos delitos.

— 7.2 —
Bem jurídico tutelado

O bem jurídico tutelado é a ordem econômica, a qual deve ser entendida como o sistema que contempla a produção e a comercialização de bens materiais que podem ser avaliados e negociados. Assim, a ordem econômica engloba a livre concorrência e o mercado, os quais também são bens jurídicos tutelados pela norma.

— 7.3 —

Crimes contra a ordem econômica

De acordo com o art. 4º da Lei n. 8.137, de 27 de dezembro de 1990, são considerados crimes contra a ordem econômica:

> I - abusar do poder econômico, dominando o mercado ou eliminando, total ou parcialmente, a concorrência mediante qualquer forma de ajuste ou acordo de empresas;
>
> II - formar acordo, convênio, ajuste ou aliança entre ofertantes, visando:
>
> a) à fixação artificial de preços ou quantidades vendidas ou produzidas;
>
> b) ao controle regionalizado do mercado por empresa ou grupo de empresas;
>
> c) ao controle, em detrimento da concorrência, de rede de distribuição ou de fornecedores.
>
> Pena - reclusão, de 2 (dois) a 5 (cinco) anos e multa. (Brasil, 1990c)

Em análise do artigo supra, o inciso I criminaliza a conduta de quem abusa do poder econômico. Torna-se amplo e abstrato conceituar a expressão *abusar do poder econômico*, mas, em uma interpretação teleológica, tem-se que o legislador buscou tutelar condutas que se amoldam ao detentor do poder econômico que, de alguma forma, o utiliza para prejudicar os consumidores e concorrentes, praticando conduta desleal que atente contra a competitividade. A cartilha do Conselho Administrativo de Defesa Econômica (Cade) apresenta o seguinte entendimento sobre abuso de poder econômico:

> Abuso de poder econômico é o comportamento de uma empresa ou grupo de empresas que utiliza seu poder de mercado para prejudicar a livre concorrência, por meio de condutas anticompetitivas. A existência de poder de mercado por si só não é considerada infração à ordem econômica. (Cade, 2016)

Sobre o "poder de mercado", a cartilha define que:

> Uma empresa (ou um grupo de empresas) possui poder de mercado se for capaz de manter seus preços sistematicamente acima do nível competitivo de mercado sem com isso perder todos os seus clientes. Em um ambiente em que nenhuma firma tem poder de mercado não é possível que uma empresa fixe seu preço em um nível superior ao do mercado, pois se assim o fizesse os consumidores naturalmente procurariam outra empresa para lhe fornecer o produto que desejam, ao preço competitivo de mercado. (Cade, 2016)

Ainda buscando o entendimento do Cade, a cartilha conceitua *concorrência* da seguinte maneira:

> A **concorrência** é um processo empreendido por determinados agentes econômicos que se caracteriza pela busca de vantagens (diferenciação) obtidas por meio de estratégias

deliberadas com o objetivo de gerar ganhos excepcionais (lucros de monopólio), ainda que temporários. (Cade, 2016, grifo do original)

Sobre a livre concorrência, deve-se atentar para a Súmula Vinculante n. 49, do Supremo Tribunal Federal (STF): "Ofende o princípio da livre concorrência lei municipal que impede a instalação de estabelecimentos comerciais do mesmo ramo em determinada área" (Brasil, 2015e).

O ajuste ou acordo de empresas descrito no tipo penal prevê uma forma de pacto, relação específica entre elas mediante a qual será dado seguimento ao propósito de dominação do mercado ou de eliminação da concorrência. O tipo prevê que qualquer forma de ajuste nesse sentido já é o suficiente para a prática criminosa (Portocarrero; Ferreira, 2019).

A seguir, podemos observar o entendimento do Superior Tribunal de Justiça (STJ) sobre o tema:

Jurisprudência

RECURSO ORDINÁRIO EM HABEAS CORPUS. **CRIME CONTRA A ORDEM ECONÔMICA. FORMAÇÃO ARTIFICIAL DE PREÇOS, CONTROLE REGIONALIZADO DO MERCADO POR EMPRESA OU GRUPO DE EMPRESAS E CONTROLE EM DETRIMENTO DA CONCORRÊNCIA.** DELITO

SOCIETÁRIO. FALTA DE INDIVIDUALIZAÇÃO DA CONDUTA DO RECORRENTE. RESPONSABILIZAÇÃO OBJETIVA. PEÇA INAUGURAL QUE ATENDE AOS REQUISITOS LEGAIS EXIGIDOS E DESCREVE INFRAÇÃO PENAL EM TESE. AMPLA DEFESA GARANTIDA. INÉPCIA NÃO EVIDENCIADA.

1. A hipótese cuida de denúncia que narra suposto delito praticado por intermédio de pessoa jurídica, a qual, por se tratar de sujeito de direitos e obrigações, e por não deter vontade própria, atua sempre por representação de uma ou mais pessoas naturais.

2. Embora em um primeiro momento o elemento volitivo necessário para a configuração de uma conduta delituosa tenha sido considerado o óbice à responsabilização criminal da pessoa jurídica, é certo que nos dias atuais esta é expressamente admitida, conforme preceitua, por exemplo, o artigo 225, § 3º, da Constituição Federal.

3. Ainda que tal responsabilização seja possível apenas nas hipóteses legais, é certo que a personalidade fictícia atribuída à pessoa jurídica não pode servir de artifício para a prática de condutas espúrias por parte das pessoas naturais responsáveis pela sua condução.

[...]

6. Na espécie, de acordo com a exordial, o recorrente, na qualidade de presidente da Alstom/Espanha, subsidiária espanhola do Grupo Alstom, teve ciência e participou de tratativas visando à formação de acordo ilícito com a empresa concorrente que se sagrou vencedora de concorrência realizada para a aquisição de 24 (vinte e quatro) trens

de 8 (oito) carros cada, mais 20 (vinte) anos de manutenção, participando de negociações do ajuste para a divisão do objeto da licitação com o intuito de eliminar um dos participantes do certame. Recurso desprovido.

(STJ, RHC n. 100.518/SP, Relator: Min. Jorge Mussi, data de julgamento: 17/10/2018, data de publicação: 25/10/2018, 5ª Turma, grifo nosso)

Jurisprudência

PENAL E PROCESSUAL PENAL. **CRIME CONTRA A ORDEM ECONÔMICA. POSSÍVEL DOMÍNIO DE MERCADO**. DENÚNCIA. DESCRIÇÃO FÁTICA SUFICIENTE. DEMONSTRAÇÃO DE INDÍCIOS DE AUTORIA E DA MATERIALIDADE. INÉPCIA. NÃO OCORRÊNCIA. AÇÃO PENAL. FALTA DE JUSTA CAUSA. ATIPICIDADE. TRANCAMENTO. REVOLVIMENTO FÁTICO. IMPOSSIBILIDADE NA VIA ELEITA.

[...]

Por terem incorrido nos delitos tipificados no Art. 288, Parágrafo Único do Código Penal; Art. 58 do Decreto-Lei nº 6259/44; Art. 2º, IX da Lei 1521/51; Art. 1º da Lei 9.613/98 e Art. 4º da Lei 8.137/90, em razão da conduta

> de associaram-se em número superior a três pessoas, com a presença de agentes armados, com a finalidade de explorar o jogo do bicho, fazendo uso de fraudes em sorteios e no pagamento de prêmios, utilizando máquinas eletrônicas (*on line*) para formalização de apostas e para a venda de créditos de recarga de telefonia celular, com a finalidade de ocultar e dissimular a verdadeira origem dos bens, direitos e valores auferidos com a atividade ilegal do jogo do bicho, **ainda com o objetivo de dominar ou eliminar a concorrência nesse segmento econômico, fazendo uso da ilegalidade como diferencial competitivo**.
>
> (STJ, RHC n. 54.080/PA, Relatora: Min. Maria Thereza de Assis Moura, data de julgamento: 11/02/2015, data de publicação: 24/02/2015, 6ª Turma, grifo nosso)

O inciso II do art. 4º da Lei n. 8.137/1990 criminaliza a conduta conhecida como *formação de cartel*. O tipo penal apresenta em suas três alíneas a maneira pela qual deve ocorrer a formação do acordo, do convênio, do ajuste ou da aliança entre ofertantes. A conduta reprovada pelo tipo penal ocorre quando empresários – ou agente que detém o poder econômico – reúnem-se para formar união entre agentes econômicos com o intuito de fixar artificialmente preços, controlar de forma regionalizada determinada atividade ou controlar, em detrimento da concorrência, redes de distribuição ou de fornecedores.

Exemplos de formação de cartel amoldam-se quando há o prévio ajuste entre proprietários de postos de gasolina para a prática de um mesmo preço a ser utilizado por todos; ou quando empresas de um mesmo ramo comercial decidem formar união para abertura de lojas em áreas definidas pelos detentores do poder econômico etc.

Por se tratar de um crime formal, a consumação ocorre com a formação do acordo, do convênio, do ajuste ou da aliança entre os detentores do poderio econômico, visando à fixação artificial de preços, produção, quantidade de vendas, controle regionalizado.

A decisão a seguir exemplifica um caso de absolvição pela ausência de demonstração de ofensa à livre concorrência e o prévio ajuste em detrimento do domínio do mercado:

Jurisprudência

PENAL E PROCESSUAL PENAL. RECURSOS ESPECIAIS. **FORMAÇÃO DE CARTEL E FRAUDE À LICITAÇÃO. CONFLITO APARENTE DE NORMAS. ART. 4º, II, DA LEI 8.137/93. AUSÊNCIA DE DESCRIÇÃO DA CONCENTRAÇÃO DO PODER ECONÔMICO.** AJUSTES PRÉVIOS COM O FIM DE FRAUDAR PROCEDIMENTO LICITATÓRIO. **FORMAÇÃO DE CARTEL AFASTADA.** CRIME

DO ART. 90 DA LEI 8.666/93. PRESCRIÇÃO DA PRETENSÃO PUNITIVA. RECURSOS ESPECIAIS PROVIDOS.

1. Recorrentes denunciados como incursos nos arts. 4°, II, a, b e c, da Lei 8.137/90 (formação de cartel) e 90, caput, da Lei 8.666/93 (fraude à licitação), em concurso formal.

[...]

3. **O delito do art. 4°, II, da Lei 8.137/90 exige a demonstração que os acordos, ajustes ou alianças entre os ofertantes tinham por objetivo domínio de mercado.**

4. **Não havendo descrição fática suficiente da concentração do poder econômico, ou de que os acordos teriam sido efetivamente implementados com domínio de mercado, não há falar em formação de cartel, porquanto não demonstrada ofensa à livre concorrência.** Demonstrado apenas que os ajustes se deram com o fim de fraudar o processo licitatório, subsiste apenas o crime do art. 90 da Lei de Licitações.

[...]

7. Recursos especiais providos.

(STJ, REsp n. 1.623.985/SP, Relator: Min. Nefi Cordeiro, data de julgamento: 16/05/2018, data de publicação: 05/06/2018, 6ª Turma, grifo nosso)

A jurisprudência a seguir trata da formação de cartel para manipulação artificial de preços dos combustíveis:

Jurisprudência

PROCESSUAL CIVIL. EMBARGOS DE DECLARAÇÃO. **CARTEL. EMPRESAS DE COMBUSTÍVEIS. CONTROLE ABUSIVO DO MERCADO. PREJUÍZO PARA OS CONSUMIDORES DO DISTRITO FEDERAL.** NÃO OCORRÊNCIA DE OMISSÃO. ART. 535, II, DO CPC. REDISCUSSÃO DA MATÉRIA. PREQUESTIONAMENTO. QUESTÃO CONSTITUCIONAL.

[...]

5. Não há contradição em se afirmar que as embargantes, empresas que controlam a distribuição e o comércio de combustíveis no Distrito Federal, formam cartel para controlar os preços dos combustíveis e seus derivados e impedir a concorrência de outras empresas do ramo.

6. A atitude das empresas, que continuam manipulando os preços dos combustíveis no Distrito Federal, é perversa para os consumidores, que continuam pagando por um produto que tem o seu preço regulado, fora das leis de mercado.

7. Embargos de Declaração rejeitados.

(STJ, Edcl no Agrg no REsp n. 1.436.903/DF, Relator: Min. Herman Benja, data de julgamento: 07/03/2016, data de publicação: 19/05/2016, 2ª Turma)

A Lei n. 8.137/1990 não é a única que prevê em seu bojo crimes contra a ordem econômica. A Lei n. 8.176, de 8 de fevereiro de 1991, prevê delitos contra a ordem econômica relativos aos derivados de petróleo, conforme dispõe seu art. 1º:

> Art. 1º Constitui crime contra a ordem econômica:
>
> I - adquirir, distribuir e revender derivados de petróleo, gás natural e suas frações recuperáveis, álcool etílico, hidratado carburante e demais combustíveis líquidos carburantes, em desacordo com as normas estabelecidas na forma da lei;
>
> II - usar gás liquefeito de petróleo em motores de qualquer espécie, saunas, caldeiras e aquecimento de piscinas, ou para fins automotivos, em desacordo com as normas estabelecidas na forma da lei.
>
> Pena: detenção de um a cinco anos. (Brasil, 1991b)

O STJ já assentou o tema conforme os julgados a seguir:

Jurisprudência

RECURSO ESPECIAL. PEDIDO E CONDENAÇÃO DO RÉU POR CRIMES CONTRA A ORDEM ECONÔMICA E CONTRA AS RELAÇÕES DE CONSUMO. FATOS QUE SE SUBSUMEM

APENAS AO ART. 1°, I, DA LEI N. 8.137/1990. RECURSO ESPECIAL PARCIALMENTE PROVIDO.

1. **Constitui crime contra a ordem econômica (art. 1°, I, da Lei n. 8.176/1991) adquirir, distribuir e revender derivados de petróleo e combustíveis líquidos carburantes, em desacordo com as normas estabelecidas na forma da lei.**

2. O recorrido comercializava gasolina, álcool e diesel em desacordo com o art. 11, §§ 2° e 3°, da Portaria n. 116/2000, da Agência Nacional do Petróleo, porquanto utilizada indevidamente a logomarca da BR Petrobrás para vender combustíveis de diversas origens.

3. A conduta amolda-se ao crime previsto no art. 1° da Lei n. 8.176/1991, complementado pela Portaria n. 116/2000 da Agência Nacional de Petróleo, expressa ao assinalar que o revendedor varejista que optasse por exibir marca comercial deveria adquirir e vender somente combustível fornecido pelo distribuidor respectivo, complemento legal não observado pelo ora recorrente.

(STJ, REsp n. 1.582.693/PR, Relator: Min. Rogerio Schietti Cruz, data de julgamento: 27/11/2017, data de publicação: 03/12/2017, 6ª Turma, grifo nosso)

Jurisprudência

PENAL. AGRAVO REGIMENTAL EM AGRAVO EM RECURSO ESPECIAL. ART. 1º, I, DA LEI N. 8.176/1991. **CRIME CONTRA A ORDEM ECONÔMICA. COMERCIALIZAÇÃO E REVENDA DE GLP SEM AUTORIZAÇÃO DA AGÊNCIA NACIONAL DO PETRÓLEO.** CELEBRAÇÃO DE TERMO DE AJUSTAMENTO DE CONDUTA-TAC. AUSÊNCIA DE JUSTA CAUSA NÃO CONFIGURADA. ILICITUDE DA CONDUTA. INDEPENDÊNCIA DAS ESFERAS. PRECEDENTES. AGRAVO REGIMENTAL IMPROVIDO.

(STJ, Agrg no Aresp n. 9.84.920/BA, Relator: Min. Sebastião Reis Júnior, data de julgamento: 21/08/2017, data de publicação: 30/08/2017, 6ª Turma, grifo nosso)

Feita essa análise, passaremos ao estudo dos delitos que envolvem as relações de consumo no ordenamento jurídico brasileiro.

— 7.4 —

Crimes contra as relações de consumo

Os crimes contra as relações de consumo são tutelados com base no art. 7º da 8.137/1990. Frisamos que, para os efeitos da lei, as previsões legais são consideradas de modo abrangente.

> Art. 7º Constitui crime contra as relações de consumo:
>
> I - favorecer ou preferir, sem justa causa, comprador ou freguês, ressalvados os sistemas de entrega ao consumo por intermédio de distribuidores ou revendedores;
>
> II - vender ou expor à venda mercadoria cuja embalagem, tipo, especificação, peso ou composição esteja em desacordo com as prescrições legais, ou que não corresponda à respectiva classificação oficial;
>
> III - misturar gêneros e mercadorias de espécies diferentes, para vendê-los ou expô-los à venda como puros; misturar gêneros e mercadorias de qualidades desiguais para vendê-los ou expô-los à venda por preço estabelecido para os demais mais alto custo;
>
> IV - fraudar preços por meio de:
>
> a) alteração, sem modificação essencial ou de qualidade, de elementos tais como denominação, sinal externo, marca, embalagem, especificação técnica, descrição, volume, peso, pintura ou acabamento de bem ou serviço;

b) divisão em partes de bem ou serviço, habitualmente oferecido à venda em conjunto;

c) junção de bens ou serviços, comumente oferecidos à venda em separado;

d) aviso de inclusão de insumo não empregado na produção do bem ou na prestação dos serviços;

V – elevar o valor cobrado nas vendas a prazo de bens ou serviços, mediante a exigência de comissão ou de taxa de juros ilegais;

VI – sonegar insumos ou bens, recusando-se a vendê-los a quem pretenda comprá-los nas condições publicamente ofertadas, ou retê-los para o fim de especulação;

VII – induzir o consumidor ou usuário a erro, por via de indicação ou afirmação falsa ou enganosa sobre a natureza, qualidade do bem ou serviço, utilizando-se de qualquer meio, inclusive a veiculação ou divulgação publicitária;

VIII – destruir, inutilizar ou danificar matéria-prima ou mercadoria, com o fim de provocar alta de preço, em proveito próprio ou de terceiros;

IX – vender, ter em depósito para vender ou expor à venda ou, de qualquer forma, entregar matéria-prima ou mercadoria, em condições impróprias ao consumo;

Pena – detenção, de 2 (dois) a 5 (cinco) anos, ou multa.

Parágrafo único. Nas hipóteses dos incisos II, III e IX pune-se a modalidade culposa, reduzindo-se a pena e a detenção de 1/3 (um terço) ou a de multa à quinta parte. (Brasil, 1990c)

— 7.4.1 —

Relações de consumo e o Código de Defesa do Consumidor

As relações de consumo também são tuteladas pelo art. 7º da Lei n. 8.137/1990. Entretanto, a principal diferença entre a tutela exercida por esse tipo penal e os descritos no Código de Defesa do Consumidor (Lei n. 8.078/1990) reside no fato de que, no art. 7º, os consumidores são considerados de maneira coletiva, com previsões mais abrangentes. Já o Código de Defesa do Consumidor tende a tutelar os indivíduos de modo mais pontual, apresentando o consumidor em suas formas cotidianas nas relações de consumo (Portocarrero; Ferreira, 2019).

— 7.5 —

Sujeito ativo e sujeito passivo

Os delitos dispostos na Lei de Crimes contra a Ordem Econômica são considerados crimes próprios, ou seja, pertencem à categoria de delitos que exigem uma qualidade especial do agente para seu cometimento. Os sujeitos ativos dos delitos são aqueles que detêm o poder econômico e possuem os estabelecimentos ditos comerciais, ou seja, os empresários. Como sujeito passivo dos delitos, isto é, aquele que sofre a conduta típica, figuram os consumidores e a sociedade na condição de ente coletivo.

A jurisprudência já posicionou-se sobre a necessidade de demonstração da inadequação da mercadoria ao consumo:

Jurisprudência

RECURSO ESPECIAL. PENAL. **CRIMES CONTRA RELAÇÃO DE CONSUMO. ABATEDOURO CLANDESTINO. ART. 7°, IX, DA LEI N. 8.137/1990. PRODUTO NOCIVO À SAÚDE. IMPRESCINDIBILIDADE DE DEMONSTRAÇÃO DA IMPROPRIEDADE POR EXAME PERICIAL.** INÉRCIA ESTATAL. RECURSO PROVIDO.

1. Para a configuração do tipo penal descrito no art. 7°, IX, da Lei n. 8.137/1990, é imprescindível a demonstração inequívoca da impropriedade do produto.

2. A realização do exame pericial somente é obrigatória nas infrações que deixam vestígios ou quando, sendo possível sua realização, esta não ocorreu por inércia dos órgãos de persecução penal.

3. Era viável, à época, por ocasião da vistoria realizada por agente do Conselho Regional de Medicina Veterinária, a apreensão das codornas abatidas destinadas à comercialização e sua submissão à perícia, a fim de comprovar a inadequação da mercadoria ao consumo. Não bastava a mera presunção de que a impropriedade do produto decorria do abate clandestino e da ausência de identificação do produto e do serviço de inspeção federal.

4. Recurso especial provido.

(STJ, REsp n. 1.575.406/SP, Relator: Min. Rogerio Schietti Cruz, data de julgamento: 21/08/2017, data de publicação: 30/08/2017, 6ª Turma, grifo nosso)

O STJ também já asseverou o entendimento acerca da necessidade de perícia nos produtos para caracterizá-los como impróprios ao consumo, conforme jurisprudência a seguir:

Jurisprudência

AGRAVO REGIMENTAL NO RECURSO ESPECIAL. **CRIME CONTRA A RELAÇÃO DE CONSUMO. MERCADORIA IMPROPRIA PARA O CONSUMO. PRAZO DE VALIDADE VENCIDO. PERÍCIA. NECESSIDADE.**

1. Para a caracterização do crime contra a relação de consumo de vender, ter em depósito para vender ou expor à venda ou, de qualquer forma, entregar matéria-prima ou mercadoria, em condições impróprias ao consumo é imprescindível a realização de perícia, ainda que o prazo de validade do produto esteja vencido. Precedentes.

> 2. Agravo regimental desprovido.
>
> (STJ, Agrg no Agint nos Edcl no Agrg no Agint no REsp n. 1.682.338/MT, Relator: Min. Jorge Mussi, data de julgamento: 17/09/2018, data de publicação: 25/09/2018, 5ª Turma, grifo nosso)

Desse modo, o legislador tutelou direitos coletivos dos consumidores, em atenção ao momento legislativo e a necessidade de proteção jurídico-penal àqueles envolvidos nas relações de consumo.

Capítulo 8

Crimes previstos na Lei de Licitações e Contratos Administrativos

No texto da Constituição Federal, é perceptível a preocupação com a Administração Pública, bem como com a gestão do funcionamento administrativo e com as verbas públicas. Por esse motivo, as licitações e os contratos administrativos dispõem da tutela penal como forma de resguardo do bem público.

— 8.1 —
Exposição da lei

A Lei de Licitações, isto é, a Lei n. 8.666, de 21 de junho de 1993, assim dispõe:

> Art. 1º Esta Lei estabelece normas gerais sobre licitações e contratos administrativos pertinentes a obras, serviços, inclusive de publicidade, compras, alienações e locações no âmbito dos Poderes da União, dos Estados, do Distrito Federal e dos Municípios.
>
> Parágrafo único. Subordinam-se ao regime desta Lei, além dos órgãos da administração direta, os fundos especiais, as autarquias, as fundações públicas, as empresas públicas, as sociedades de economia mista e demais entidades controladas direta ou indiretamente pela União, Estados, Distrito Federal e Municípios. (Brasil, 1993)

Essa lei estabelece normas gerais sobre licitações e contratos administrativos, com lastro no art. 37, inciso XXI, da Constituição

Federal. Além disso, dispõe sobre as sanções penais e administrativas para aqueles que violem os preceitos legais.

Para compreender essa questão, vejamos como os doutrinadores da área conceituam ***licitação***:

> é o procedimento administrativo mediante o qual a Administração Pública seleciona a proposta mais vantajosa para o contrato de seu interesse. Como procedimento, desenvolve-se através de uma sucessão ordenada de atos vinculantes para a Administração e para os licitantes, o que propicia igual oportunidade a todos os interessados e atua como fator de eficiência e moralidade nos negócios administrativos. (Meirelles, 1999, p. 246)

> é o procedimento administrativo destinado à escolha de pessoa a ser contratada pela Administração ou a ser beneficiada por ato administrativo singular, no qual são assegurados tanto o direito dos interessados à disputa como a seleção do beneficiário mais adequado ao interesse público. (Sundfeld, 1994, p. 15)

> é um certame que as entidades governamentais devem promover e no qual abrem disputa entre os interessados em com elas travar determinadas relações de conteúdo patrimonial, para escolher a proposta mais vantajosa às conveniências públicas. Estriba-se na ideia de competição, a ser travada isonomicamente entre os que preencham os atributos e aptidões necessários ao bom cumprimento das obrigações que se propõem assumir. (Mello, 2004, p. 483)

O entendimento doutrinário sobre o conceito de licitação é uníssono, trazendo ao jurista a certeza necessária quanto à sua aplicação prática nos termos da lei.

— 8.2 —
Sujeito ativo e sujeito passivo

O art. 84 da Lei de Licitações prevê o dispositivo semelhante ao art. 327 do Código Penal, na medida em que trata daqueles que podem ser considerados funcionários públicos para efeitos penais:

> Art. 84. Considera-se servidor público, para os fins desta Lei, aquele que exerce, mesmo que transitoriamente ou sem remuneração, cargo, função ou emprego público.
>
> § 1º Equipara-se a servidor público, para os fins desta Lei, quem exerce cargo, emprego ou função em entidade paraestatal, assim consideradas, além das fundações, empresas públicas e sociedades de economia mista, as demais entidades sob controle, direto ou indireto, do Poder Público.
>
> § 2º A pena imposta será acrescida da terça parte, quando os autores dos crimes previstos nesta Lei forem ocupantes de cargo em comissão ou de função de confiança em órgão da Administração direta, autarquia, empresa pública, sociedade de economia mista, fundação pública, ou outra entidade controlada direta ou indiretamente pelo Poder Público. (Brasil, 1993)

Por outro lado, o art. 327 do Código Penal exprime o conceito de funcionário público da seguinte maneira:

> Art. 327. Considera-se funcionário público, para os efeitos penais, quem, embora transitoriamente ou sem remuneração, exerce cargo, emprego ou função pública.
>
> § 1º Equipara-se a funcionário público quem exerce cargo, emprego ou função em entidade paraestatal, e quem trabalha para empresa prestadora de serviço contratada ou conveniada para a execução de atividade típica da Administração Pública.
>
> § 2º A pena será aumentada da terça parte quando os autores dos crimes previstos neste Capítulo forem ocupantes de cargos em comissão ou de função de direção ou assessoramento de órgão da administração direta, sociedade de economia mista, empresa pública ou fundação instituída pelo poder público. (Brasil, 1940)

Trata-se, portanto, de crime próprio, ou seja, exige uma qualidade especial do agente para seu cometimento. O sujeito ativo dos delitos da Lei n. 8.666/1993 são os funcionários públicos. Como sujeito passivo do delito, isto é, aquele que sofre a conduta típica, podem figurar os estados, os municípios, a União e o Distrito Federal.

— 8.3 —

Bem jurídico tutelado

A Lei de Licitações visa tutelar os interesses da Administração Pública, em atenção a seu patrimônio e seus princípios.

— 8.4 —

Crimes em espécie

Os delitos previstos na Lei n. 8.666/1993 estão previstos do art. 89 até o art. 99. Destacam-se os seguintes:

> Art. 89. Dispensar ou inexigir licitação fora das hipóteses previstas em lei, ou deixar de observar as formalidades pertinentes à dispensa ou à inexigibilidade:
>
> Pena - detenção, de 3 (três) a 5 (cinco) anos, e multa.
>
> Parágrafo único. Na mesma pena incorre aquele que, tendo comprovadamente concorrido para a consumação da ilegalidade, beneficiou-se da dispensa ou inexigibilidade ilegal, para celebrar contrato com o Poder Público. (Brasil, 1993)

O crime do art. 89 da Lei de Licitaçõesconsuma-se com a dispensa ou a inexibilidade da licitação fora das hipóteses previstas em lei, ou com a inobservância das formalidades pertinentes à dispensa ou à inexibilidade, gerando prejuízo ao erário.

Sobre a necessidade do dolo específico para lesar o erário, observe o teor dos acórdãos a seguir:

Jurisprudência

AÇÃO PENAL. DEPUTADO FEDERAL. IMPUTAÇÃO DA PRÁTICA DOS CRIMES DE PECULATO (ART. 312 DO CÓDIGO PENAL) E DISPENSA IRREGULAR DE LICITAÇÃO (ART. 89 DA LEI DE LICITAÇÕES). ACOLHIMENTO DO PEDIDO DE ABSOLVIÇÃO FEITO PELO PROCURADOR-GERAL DA REPÚBLICA QUANTO AO CRIME DE PECULATO. **IMPROCEDÊNCIA DO PEDIDO DE CONDENAÇÃO PELA ALEGADA PRÁTICA DO CRIME DO ART. 89 DA LEI N. 8.666/1993. DISPENSA DE LICITAÇÃO QUE ATENDEU AOS REQUISITOS LEGAIS. AUSÊNCIA DE DOLO ESPECÍFICO DE CAUSAR DANO AO ERÁRIO**. ABSOLVIÇÃO DE AMBAS AS IMPUTAÇÕES. AÇÃO PENAL IMPROCEDENTE.

[...]

2. Não incide no crime de dispensa irregular de licitação (art. 89 da Lei n. 8.666/1993) o administrador público que procede à contratação direta de empresa prestadora de serviço quando presentes os requisitos formais e materiais para a dispensa do certame.

3. A incidência do crime do art. 89 da Lei n. 8.666/1993 depende da presença de elemento subjetivo do agente político: a vontade livre e consciente de lesar o erário, pois assim garante-se a necessária distinção entre atos próprios do cotidiano político administrativo e atos que revelam o cometimento de ilícitos penais.

4. Ação penal julgada improcedente.

(STF, Ap n. 917/MS, Relatora: Min. Cármen Lúcia, data de julgamento: 06/06/2016, data de publicação: 24/10/2017, 2ª Turma, grifo nosso)

Jurisprudência

AGRAVO REGIMENTAL NO RECURSO ESPECIAL. **DISPENSA DE LICITAÇÃO. ART. 89 DA LEI N. 8.666/1993. DOLO DE CAUSAR DANO AO ERÁRIO NÃO COMPROVADO.**

I – A jurisprudência desta Corte firmou-se no sentido de que, para a configuração do delito tipificado no art. 89 da Lei n. 8666/1993, "é indispensável a comprovação do dolo específico do agente em causar dano ao erário, bem como do prejuízo à Administração Pública." (RHC n. 90.930/MG, Quinta Turma, Rel. Min. Jorge Mussi, DJe de 1º/8/2018).

II – No caso destes autos, as instâncias ordinárias não consignaram que tenha havido o dolo de causar dano ao erário, indispensável para perfectibilizar a conduta delituosa. Agravo regimental desprovido.

(STJ, Agrg no REsp n. 1.750.433/RS, Relator: Min. Felix Fischer, data de julgamento: 10/12/2018, data de publicação: 18/12/2018, 5ª Turma, grifo nosso)

Um dos pilares do certame da licitação é a observação da igualdade entre os participantes. O art. 90 da Lei n. 8.666/1993 contempla o resguardo da isonomia:

> Art. 90. Frustrar ou fraudar, mediante ajuste, combinação ou qualquer outro expediente, o caráter competitivo do procedimento licitatório, com o intuito de obter, para si ou para outrem, vantagem decorrente da adjudicação do objeto da licitação:
>
> Pena – detenção, de 2 (dois) a 4 (quatro) anos, e multa. (Brasil, 1993)

O crime do art. 90 consuma-se com o ajuste prévio, a combinação ou qualquer outra forma para a prática de frustrar ou fraudar o caráter competitivo do procedimento licitatório, com o intuito de obtenção para si ou para outrem de vantagem decorrente da adjudicação do objeto da licitação.

Faz-se necessário a análise da jurisprudência sobre o tema, apresentada a seguir:

Jurisprudência

AGRAVO REGIMENTAL NO RECURSO ESPECIAL. **FRAUDE À LICITAÇÃO. QUADRILHA. DEMONSTRAÇÃO DE PREJUÍZO PARA CONFIGURAÇÃO DO DELITO DO ART. 90 DA LEI DE LICITAÇÕES. DESNECESSIDADE.** INÉPCIA DA DENÚNCIA. NÃO OCORRÊNCIA. AGRAVO REGIMENTAL NÃO PROVIDO.

1. Verificado pelas instâncias ordinárias o ajuste ilícito para a frustração do caráter competitivo da licitação, o crime formal do art. 90 da Lei n. 8.666/1993 está perfeitamente configurado em tese.

2. A decisão que deu provimento ao recurso especial ministerial não reexaminou provas. Cingiu-se a constatar, partindo do contexto fático emoldurado pelo acórdão impugnado, que, como o crime de quadrilha-que tem por objeto jurídico a paz pública-é formal e de perigo abstrato, não exige a lei que se evidencie o perigo, apenas o presume. Assim, a mera possibilidade de causar dano ao objeto jurídico tutelado dispensa resultado naturalístico, visto que a potencialidade de dano da atividade descrita na denúncia é suficiente para caracterizar o crime em questão.

3. Agravo regimental não provido.

(STJ, Agrg no REsp n. 1.533.488/PB. Relator: Min. Rogerio Schietti Cruz, data de julgamento: 12/12/2018, data de publicação: 03/02/2019, 6ª Turma, grifo nosso)

Jurisprudência

PENAL. HABEAS CORPUS. **CRIME DE FRUSTRAÇÃO OU FRAUDE AO CARÁTER COMPETITIVO DO PROCEDIMENTO LICITATÓRIO (LEI 8.666/1993, ART. 90).** ALEGAÇÃO DE AUSÊNCIA DE JUSTA CAUSA E INÉPCIA DA DENÚNCIA. SUPERVENIÊNCIA DE SENTENÇA CONDENATÓRIA. PERDA DO OBJETO. **TIPICIDADE DO ART. 90 DA LEI N. 8.666/1993. DOLO ESPECÍFICO. EXISTÊNCIA DE ELEMENTO SUBJETIVO DO TIPO. INTENÇÃO DE OBTER PARA SI OU PARA OUTREM A ADJUDICAÇÃO DO OBJETO LICITADO**. HABEAS CORPUS NÃO CONHECIDO.

[...]

4. O crime do art. 90 da Lei n. 8.666/1993 é formal, ou de consumação antecipada, bastando a frustração do caráter competitivo do procedimento licitatório com o mero ajuste, combinação ou outro expediente, constatação que fulmina o argumento da necessidade de prejuízo ao erário, sendo este mero exaurimento do crime, elemento a ser valorado por ocasião da fixação da pena-base.

5. Advirta-se que sequer é possível invocar jurisprudência relativa ao crime de dispensa ou inexigibilidade ilegal de licitação (Lei n. 8.666/1993, art. 89, caput), haja vista ser dominante do Supremo Tribunal Federal o entendimento no sentido da desnecessidade da prova do dano ao erário, mas apenas o dolo específico de causar prejuízo ao erário. Ademais, o tipo do art. 89, parágrafo único, da Lei de Licitações, exceção à teoria monista, cria tipo autônomo para o terceiro diverso do agente público responsável pelo procedimento de dispensa ou inexigibilidade, que com ele concorre para irregular dispensa ou inexigibilidade, beneficiando-se. Perceba-se, pois, que é elemento descritivo do tipo o resultado material da dispensa ou inexigibilidade da licitação, que é a efetiva adjudicação do objeto ao autor do crime descrito, ao contrário do crime da cabeça do artigo, cujo sujeito ativo é o agente público.

6. Os crimes do caput e do parágrafo único do art. 89 da Lei n. 8.666/1993, visto que distintos, possuem o elemento subjetivo comum de causar prejuízo ao erário por meio da dispensa ou inexigibilidade indevida, nos termos da jurisprudência dominante colacionada. Diversa é a situação do

crime do art. 90 da referida Lei, cujo dolo específico exigido no elemento subjetivo do tipo é a intenção de obter, para si ou para outrem, vantagem decorrente da adjudicação, após frustrar ou fraudar o caráter competitivo do procedimento licitatório, por meio diverso do constante do crime do art. 89. Por conseguinte, o dolo específico exigido para o crime do art. 90 é a adjudicação do objeto licitado ou vantagem correlata, não necessariamente o dano ao erário, como prescreve a jurisprudência para o crime do art. 89, ambos, como se afirmou, da Lei n. 8.666/1993.

7. No caso concreto, houve inadequação da modalidade licitatória/convite, haja vista a superação do limite imposto pelo art. 23, I, "a", da Lei n. 8.666/1993. Outrossim, além de utilizar-se indevidamente de modalidade cuja competitividade é mais restrita, dentre os três participantes convidados, constavam o paciente e seu pai, que presentavam sociedades empresárias formalmente distintas, malgrado utilizassem o mesmo nome fantasia "Mundo dos Ferros". Analisando o arcabouço fático correlato, as instâncias ordinárias concluíram pela existência de ajuste e combinação fraudulenta apta a frustrar o caráter competitivo da licitação, conclusão esta que não pode ser alterada nesta via restrita do habeas corpus, sob pena de indevido revolvimento fático probatório. Por fim, o dolo específico do tipo do art. 90 da Lei n. 8.666/1993 restou demonstrado, pois patente a intenção de obter para outrem, o pai do paciente, a adjudicação do objeto licitado, o que efetivamente ocorreu no caso, alcançando o exaurimento do crime.

> 8. Habeas corpus não conhecido.
>
> (STJ, HC n. 384.302/TO, Relator: Min. Ribeiro Dantas, data de julgamento: 31/05/2017, data de publicação: 08/06/2017. 5ª Turma, grifo nosso)

Pela análise da lei, fica clara a preocupação do legislador com a coisa pública e a tutela do erário. Dessa forma, aqueles que atentam contra os dispositivos delimitados na legislação são merecedores da reprimenda penal correspondente.

Capítulo 9

Crimes de interceptação telefônica

A Constituição Federal tutelou o sigilo das comunicações e das correspondências como direito e garantia fundamentais aos cidadãos. Entretanto, havendo a expressa ordem judicial e a fundamentada necessidade, a Lei n. 9.296, de 24 de julho de 1996 (Brasil, 1996), emerge para regular o procedimento de forma a afastar o dispositivo constitucional.

— 9.1 — Objetivo da lei

A Lei n. 9.296/1996 assim dispõe em seu art. 1º:

> Art. 1º A interceptação de comunicações telefônicas, de qualquer natureza, para prova em investigação criminal e em instrução processual penal, observará o disposto nesta Lei e dependerá de ordem do juiz competente da ação principal, sob segredo de justiça.
>
> Parágrafo único. O disposto nesta Lei aplica-se à interceptação do fluxo de comunicações em sistemas de informática e telemática. (Brasil, 1996)

Essa lei relativa às interceptações telefônicas tem por objetivo regulamentar o inciso XII, parte final, do art. 5º da Constituição Federal. No ordenamento jurídico brasileiro, a regra é a inviolabilidade do sigilo.

> XII - é inviolável o sigilo da correspondência e das comunicações telegráficas, de dados e das comunicações telefônicas, salvo, no último caso, por ordem judicial, nas hipóteses e na forma que a lei estabelecer para fins de investigação criminal ou instrução processual penal; (Brasil, 1988)

Vejamos, a seguir, alguns conceitos a fim de compreender a lei:

- **Interceptação telefônica**: captação da comunicação telefônica alheia realizada por terceiros **sem o conhecimento** dos interlocutores.
- **Escuta telefônica**: coleta da comunicação realizada por terceiro **com o conhecimento** de um dos interlocutores.
- **Gravação telefônica**: coleta de gravação da comunicação telefônica por um dos interlocutores (por exemplo, uma autogravação). Torna-se clandestina, pois é realizada **sem o conhecimento** do interlocutor, podendo ser aceita como meio lícito probatório.
- **Gravação ambiental**: captação da conversa tida fora dos meios telefônicos, na qual um dos interlocutores faz a coleta **sem o conhecimento** do outro.

Jurisprudência

A gravação de conversa telefônica feita por um dos interlocutores, sem o conhecimento do outro, quando ausente causa legal de sigilo ou de reserva de conversação não é considerada prova ilícita.

(STF, AI n. 578.858/RS, Relatora: Min. Ellen Gracie, data de publicação: 28/08/2009, 2ª Turma)

Em atenção à contemporaneidade, devemos considerar a expressão *comunicação telefônica* de forma abrangente, englobando a transmissão, a emissão ou a recepção de símbolos, caracteres, sinais, textos escritos, imagens, sons ou informações de qualquer natureza, por meio de telefonia estática ou móvel (*fax*, *modens*, internet, *e-mail*). O parágrafo único dispõe que a lei se aplica à interceptação do fluxo de comunicações em sistemas de informática e telemática.

A jurisprudência assentou o entendimento quanto às salas virtuais de "bate-papo" e a possibilidade de interceptação:

Jurisprudência

RECURSO EM HABEAS CORPUS. PENAL. ART. 241. **INTERNET. SALA DE BATE PAPO. SIGILO DAS COMUNICAÇÕES. INVIABILIDADE.** TRANCAMENTO DO INQUÉRITO POLICIAL. NECESSIDADE DE EXAME APROFUNDADO DO CONJUNTO PROBATÓRIO. INADEQUAÇAO DA VIA ELEITA.

1. A conversa realizada em "sala de bate papo" da internet, não está amparada pelo sigilo das comunicações, pois o ambiente virtual é de acesso irrestrito e destinado a conversas informais.

(STJ, RHC n. 18.116/SP, Relator: Min. Hélio Quaglia Barbosa, data de julgamento: 16/02/2006, data de publicação: 06/03/2006, 6ª Turma, grifo nosso)

De igual modo, o Superior Tribunal de Justiça (STJ) já decidiu sobre a necessidade de autorização judicial para acesso aos dados de aplicativos de mensagem, como o WhatsApp:

Jurisprudência

RECURSO ESPECIAL. TRÁFICO DE DROGAS. OFENSA A DISPOSITIVOS CONSTITUCIONAIS. NÃO CONHECIMENTO. COMPETÊNCIA DO STF. **PROVAS. OBTENÇÃO. DADOS CONSTANTES DE APARELHO CELULAR. AUTORIZAÇÃO JUDICIAL. AUSÊNCIA. APREENSÃO NO MOMENTO DO FLAGRANTE. ILICITUDE.**

[...]

2. "A jurisprudência das duas Turmas da Terceira Seção deste Tribunal Superior firmou-se no sentido de ser ilícita a prova obtida diretamente dos dados constantes de aparelho celular, decorrentes de mensagens de textos SMS, conversas por meio de programa ou aplicativos (" WhatsApp"), mensagens enviadas ou recebidas por meio de correio eletrônico, obtidos diretamente pela polícia no momento do flagrante, sem prévia autorização judicial para análise dos dados armazenados no telefone móvel." (HC 372.762/MG, Relator Ministro FELIX FISCHER, QUINTA TURMA, julgado em 03/10/2017, DJe 16/10/2017).

3. *In casu*, conforme se extrai dos autos (fls. 200/201), os telefones foram apreendidos no momento do flagrante, isto é, sem autorização judicial.

4. Hipótese em que, ainda que se considere nula a prova obtida por meio da apreensão dos celulares, tal constatação não tem o condão de afastar a condenação do recorrente

> que encontrou amparo em outros elementos de prova não decorrentes dos dados obtidos por meio da perícia realizada no celular do acusado.
>
> [...]
>
> 3. Recurso parcialmente provido.
>
> (STJ, REsp n. 1.727.266/SC, Relator: Min. Jorge Mussi, data de julgamento: 05/06/2018, data de publicação: 15/06/2018, 5ª Turma, grifo nosso)

Como delimitado em lei, mesmo com a possibilidade da interceptação telefônica em casos extremos, a jurisprudência se funda como limitadora do amplo exercício do poder punitivo estatal.

— 9.2 — Requisitos para a interceptação telefônica

A Lei n. 9.296/1996, em seu art. 2°, assim estabelece:

> Art. 2º Não será admitida a interceptação de comunicações telefônicas quando ocorrer qualquer das seguintes hipóteses:
>
> I – não houver indícios razoáveis da autoria ou participação em infração penal;

> II – a prova puder ser feita por outros meios disponíveis;
>
> III – o fato investigado constituir infração penal punida, no máximo, com pena de detenção.
>
> Parágrafo único. Em qualquer hipótese deve ser descrita com clareza a situação objeto da investigação, inclusive com a indicação e qualificação dos investigados, salvo impossibilidade manifesta, devidamente justificada. (Brasil, 1996)

A jurisprudência delimitou as possibilidades de interceptação telefônica. O exemplo a seguir se refere a um caso em que o advogado está envolvido no delito:

Jurisprudência

DIREITO PROCESSUAL PENAL. **UTILIZAÇÃO DA INTERCEPTAÇÃO DE COMUNICAÇÃO TELEFÔNICA EM DESFAVOR DE INTERLOCUTOR NÃO INVESTIGADO.** As comunicações telefônicas do investigado legalmente interceptadas podem ser utilizadas para formação de prova em desfavor do outro interlocutor, ainda que este seja advogado do investigado. A interceptação telefônica, por óbvio, abrange a participação de quaisquer dos interlocutores. Ilógico e irracional seria admitir que a prova colhida contra o interlocutor que recebeu ou originou chamadas para a linha legalmente interceptada é ilegal. No mais, não é porque o advogado defendia o investigado que sua comunicação com ele foi interceptada, mas tão somente porque era um dos interlocutores.

Precedente citado: STJ - HC 115.401 RJ. Relatora: Min. Laurita Vaz. Data de julgamento: 7/12/2010, data de publicação: 1/2/2011. 5ª Turma.

(STJ, RMS n. 33.677/SP, Relatora: Min. Laurita Vaz, data de julgamento: 27/05/2014, data de publicação: 03/06/2014. 5ª Turma, grifo nosso)

Jurisprudência

PROCESSUAL PENAL. RECURSO EM HABEAS CORPUS. TRÁFICO DE INFLUÊNCIA, CORRUPÇÃO E LAVAGEM DE DINHEIRO. OPERAÇÃO ZELOTES. QUEBRA DO SIGILO TELEFÔNICO. INVESTIGAÇÃO PRÉVIA. EXISTÊNCIA. AUTORIZAÇÃO DA MEDIDA E PRORROGAÇÕES. DECISÕES DEVIDAMENTE FUNDAMENTADAS. AUSÊNCIA DE VÍCIO. **INTERCEPTAÇÃO TELEFÔNICA DE ADVOGADO. CRIMES EM TESE COMETIDOS NO EXERCÍCIO DA ATIVIDADE PROFISSIONAL. POSSIBILIDADE DE INTERCEPTAÇÃO DAS COMUNICAÇÕES TELEFÔNICAS QUE NÃO SE REFIRAM EXCLUSIVAMENTE AO PATROCÍNIO DE DETERMINADO CLIENTE**. RECURSO IMPROVIDO.

1. Não é nula a decisão que, nos termos do art. 2º da Lei nº 9.296/96, defere a medida de interceptação a partir da demonstração de que as diligências previamente realizadas não se mostravam suficientes para a elucidação dos fatos delituosos por se tratar de organização complexa e estruturada por membros do CARF para venda de decisões e negociatas milionárias a fim de beneficiar grandes empresas e desviar verba pública, evidenciando portanto, que o monitoramento seria o único meio de prova idôneo para elucidação dos fatos.

2. Se a medida de interceptação telefônica foi precedida de investigação acerca da prática de tráfico de drogas, não se pode afirmar consista [sic] ela em ato que inaugura a investigação criminal.

3. As decisões exaradas, autorizando e prorrogando as interceptações telefônicas, porque fundamentadas, sucintamente ou com referência à outra anteriormente proferida, não apresentam vício de legalidade a ensejar sua nulidade.

4. A investigação de crimes que estariam sendo cometidos por profissional da advocacia permite que o sigilo de suas comunicações telefônicas seja afastado, atingindo conversas que não se refeririam exclusivamente ao patrocínio de determinado cliente (RHC 51.487/SP, Rel. Ministro LEOPOLDO DE ARRUDA RAPOSO (DESEMBARGADOR CONVOCADO DO TJ/PE), QUINTA TURMA, julgado em 23/06/2015, DJe 24/09/2015).

5. Recurso em habeas corpus improvido.

(STJ, RHC n. 73.498/DF, Relator: Min. Nefi Cordeiro, data de julgamento: 13/08/2018, data de publicação: 22/08/2018, 6ª Turma, grifo nosso)

De igual forma, verifica-se a impossibilidade de interceptação telefônica de advogado-cliente no exercício da profissão:

Jurisprudência

Advogado. Sigilo profissional/segredo (violação). Conversa privada entre advogado e cliente (gravação/impossibilidade). Prova (ilicitude/contaminação do todo). Exclusão dos autos (caso). Expressões injuriosas (emprego). Risca (determinação).

1. São invioláveis a intimidade, a vida privada e o sigilo das comunicações. Há normas constitucionais e normas infraconstitucionais que regem esses direitos.

2. Conversa pessoal e reservada entre advogado e cliente tem toda a proteção da lei, porquanto, entre outras reconhecidas garantias do advogado, está a inviolabilidade de suas comunicações.

3. Como estão proibidas de depor as pessoas que, em razão de profissão, devem guardar segredo, é inviolável a comunicação entre advogado e cliente.

4. Se há antinomia entre valor da liberdade e valor da segurança, a antinomia é solucionada a favor da liberdade.

5. É, portanto, ilícita a prova oriunda de conversa entre o advogado e o seu cliente. O processo não admite as provas obtidas por meios ilícitos.

6. Na hipótese, conquanto tenha a paciente concordado em conceder a entrevista ao programa de televisão, a conversa que haveria de ser reservada entre ela e um de seus advogados foi captada clandestinamente. Por revelar manifesta infração ética o ato de gravação em razão de ser a comunicação entre a pessoa e seu defensor resguardada pelo sigilo funcional, não poderia a fita ser juntada aos autos da ação penal. Afinal, a ilicitude presente em parte daquele registro alcança todo o conteúdo da fita, ainda que se admita tratar-se de entrevista voluntariamente gravada a fruta ruim arruína o cesto.

7. A todos é assegurado, independentemente da natureza do crime, processo legítimo e legal, enfim, processo justo.

8. É defeso às partes e aos seus advogados empregar expressões injuriosas e, de igual forma, ao representante do Ministério Público.

9. Havendo o emprego de expressões injuriosas, cabe à autoridade judiciária mandar riscá-las.

10. *Habeas corpus* deferido para que seja desentranhada dos autos a prova ilícita.

11. Mandado expedido no sentido de que sejam riscadas as expressões injuriosas.

(STJ, HC n. 59967/SP, Relator: Min. Nilson Naves, data de julgamento: 29/06/2006, data de publicação: 25/09/2006, 6ª Turma, grifo nosso)

O art. 2º da Lei n. 9.296/1996 é a base dos requisitos para o deferimento da interceptação telefônica.

Jurisprudência

RECURSO EM HABEAS CORPUS. CORRUPÇÃO PASSIVA. ASSOCIAÇÃO CRIMINOSA. **INTERCEPTAÇÃO TELEFÔNICA. FUNDAMENTAÇÃO IDÔNEA. INVESTIGAÇÕES PRELIMINARES REALIZADAS**. RECURSO DESPROVIDO.

1. **Os requisitos necessários para a realização da interceptação telefônica decorrem de investigação que apurava a prática de crimes contra a administração pública e associação criminosa, tendo sido tomado o depoimento de pessoas envolvidas, que apontavam para a necessidade das cautelares investigativas**.

2. **Em atenção ao art. 2º, inciso II, da Lei n. 9.296/96, a interceptação telefônica só será deferida quando não houver outros meios de produção de prova**. Nos termos da Jurisprudência desta Corte, cabe à parte demonstrar quais outros procedimentos investigatórios seriam suficientes

> para a elucidação da autoria dos delitos investigados, sendo que afastar as conclusões das instâncias ordinárias sobre a adequação de tais meios demanda o aprofundado revolvimento fático probatório, procedimento vedado dentro dos estreitos limites da via eleita.
>
> 3. Recurso desprovido.
>
> (STJ, RHC n. 61.207/PR, Relator: Min. Joel Ilan Paciornik, data de julgamento: 24/09/2018, data de publicação: 07/10/2018, 5ª Turma, grifo nosso)

Quando nos referimos à Lei de Interceptações Telefônicas, é importante sempre atentarmos-nos ao entendimento da jurisprudência, pois será de grande valia na resolução dos casos conceretos. A seguir, indicamos alguns precedentes relevantes:

- Consonância constitucional na violação do sigilo: STF, HC n. 70.814/SP.
- Interceptação telefônica emprestada para processo administrativo disciplinar (PAD): STJ, MS n. 17.538/DF.
- Uso da prova obtida fortuitamente durante a interceptação telefônica: STF, HC n. 153.010/SP.
- Descoberta de delitos que não são objeto da investigação. Descoberta "por acaso". Licitude da prova. Serendipidade: STF, HC n. 106.152/MS e RHC n. 135.683/GO.

— 9.3 —
Crimes em espécie

A Lei n. 13.869, de 5 de setembro de 2019 - a nova Lei de Abuso de Autoridade -, conferiu nova redação ao art. 10 da Lei n. 9.296/1996. Atente-se:

> Art. 10. Constitui crime realizar interceptação de comunicações telefônicas, de informática ou telemática, promover escuta ambiental ou quebrar segredo da Justiça, sem autorização judicial ou com objetivos não autorizados em lei.
>
> Pena - reclusão, de 2 (dois) a 4 (quatro) anos, e multa.
>
> Parágrafo único. Incorre na mesma pena a autoridade judicial que determina a execução de conduta prevista no *caput* deste artigo com objetivo não autorizado em lei. (Brasil, 1996; 2019c)

A lei que trata das interceptações telefônicas previu somente um delito. Nota-se que o tipo penal dispõe de dois elementos normativos: estar o agente procedendo "sem autorização judicial" ou "com objetivos não autorizados em lei". Contudo, a Lei n. 13.964, de 24 de dezembro de 2019, conhecida como *Pacote Anticrime* ou *Pacote Anticorrupção*, acrescentou mais um tipo penal na lei que regula as interceptações telefônicas:

> Art. 10-A. Realizar captação ambiental de sinais eletromagnéticos, ópticos ou acústicos para investigação ou instrução criminal sem autorização judicial, quando esta for exigida:

> Pena - reclusão, de 2 (dois) a 4 (quatro) anos, e multa.
>
> § 1º Não há crime se a captação é realizada por um dos interlocutores.
>
> § 2º A pena será aplicada em dobro ao funcionário público que descumprir determinação de sigilo das investigações que envolvam a captação ambiental ou revelar o conteúdo das gravações enquanto mantido o sigilo judicial. (Brasil, 1996; 2019d)

Apesar de o sujeito ativo no delito disposto nos arts. 10 e 10-A poder ser qualquer pessoa, deve-se atentar ao paragrafo 2º do art. 10-A, pois se trata de um crime próprio praticado apenas por funcionários públicos.

Capítulo 10

Crime de tortura

A Constituição Federal de 1988 fez expressa menção ao delito de tortura, pois o Brasil foi signatário de convenções internacionais (Pacto de São José da Costa Rica, por exemplo), comprometendo-se com a repressão a esse crime.

— 10.1 — Objetivo da lei

A Lei n. 9.455, de 7 de abril de 1997 (Brasil, 1997a), foi promulgada como intuito de tipificar o delito de tortura. Embora a Constituição Federal já apresentasse tratamento rigoroso para a tortura, não havia até então o tipo penal no ordenamento jurídico brasileiro. De acordo com o texto constitucional:

> Art. 5º
>
> [...]
>
> III – ninguém será submetido a tortura nem a tratamento desumano ou degradante;
>
> [...]
>
> XLIII – a lei considerará crimes inafiançáveis e insuscetíveis de graça ou anistia a prática da tortura, o tráfico ilícito de entorpecentes e drogas afins, o terrorismo e os definidos como crimes hediondos, por eles respondendo os mandantes, os executores e os que, podendo evitá-los, se omitirem; (Brasil, 1988)

Para uma definição de tortura, é interessante a conceituação na jurisprudência a seguir, fornecida pelo Supremo Tribunal Federal (STF):

Jurisprudência

TORTURA CONTRA CRIANÇA OU ADOLESCENTE - EXISTÊNCIA JURÍDICA DESSE CRIME NO DIREITO PENAL POSITIVO BRASILEIRO - NECESSIDADE DE SUA REPRESSÃO - CONVENÇÕES INTERNACIONAIS SUBSCRITAS PELO BRASIL - PREVISÃO TÍPICA CONSTANTE DO ESTATUTO DA CRIANÇA E DO ADOLESCENTE (LEI Nº 8.069/90, ART. 233) - CONFIRMAÇÃO DA CONSTITUCIONALIDADE DESSA NORMA DE TIPIFICAÇÃO PENAL - DELITO IMPUTADO A POLICIAIS MILITARES - INFRAÇÃO PENAL QUE NÃO SE QUALIFICA COMO CRIME MILITAR - COMPETÊNCIA DA JUSTIÇA COMUM DO ESTADO - MEMBRO - PEDIDO DEFERIDO EM PARTE. PREVISÃO LEGAL DO CRIME DE TORTURA CONTRA CRIANÇA OU ADOLESCENTE - OBSERVÂNCIA DO POSTULADO CONSTITUCIONAL DA TIPICIDADE.

[...]

A tortura constitui a negação arbitrária dos direitos humanos, pois reflete-enquanto prática ilegítima, imoral e abusiva-um inaceitável ensaio de atuação estatal tendente a asfixiar e, até mesmo, a suprimir a dignidade,

> **a autonomia e a liberdade com que o indivíduo foi dotado, de maneira indisponível, pelo ordenamento positivo.**
>
> (STF, HC n. 70.389/SP, Relator: Min. Sydney Sanches, data de julgamento: 23/06/1994, data de publicação: 10/08/2001, Tribunal Pleno, grifo nosso)

Nos termos da *Convenção Internacional contra a Tortura e outras Penas ou Tratamentos Cruéis, Desumanos e Degradantes*[1], adotada pela Resolução n. 39/46, da Assembleia Geral das Nações Unidas, em 10 de dezembro de 1984, e ratificada pelo Brasil em 1989, a tortura é definida, em seu Artigo 1, da seguinte maneira:

> Artigo 1
>
> 1. Para os fins desta Convenção, o termo "tortura" designa qualquer ato pelo qual uma violenta dor ou sofrimento, físico ou mental, é infligido intencionalmente a uma pessoa, com o fim de se obter dela ou de uma terceira pessoa informações ou confissão; de puni-la por um ato que ela ou uma terceira pessoa tenha cometido ou seja suspeita de ter cometido; de intimidar ou coagir ela ou uma terceira pessoa; ou por qualquer razão baseada em discriminação de qualquer espécie, quando tal dor ou sofrimento é imposto por um funcionário público ou por outra pessoa atuando no exercício de funções públicas, ou ainda por instigação dele ou com o seu consentimento

1 Disponível em: <http://pfdc.pgr.mpf.mp.br/atuacao-e-conteudos-de-apoio/legislacao/tortura/convencao_onu.pdf>. Acesso em: 16 nov. 2020.

> ou aquiescência. Não se considerará como tortura as dores ou sofrimentos que sejam consequência, inerentes ou decorrentes de sanções legítimas. (ONU, 1984)

Enfatizamos que o Estatuto da Criança e do Adolescente (Lei n. 8.069, de 13 de julho de 1990), em seu art. 233, foi a primeira legislação a trazer o conceito de tortura do ordenamento jurídico brasileiro. Embora prevesse apenas a tortura praticada em vítimas crianças e adolescentes, apresentou-se como marco legal importante para coibir o delito.

— 10.2 — Bem jurídico tutelado

Os bens jurídicos tutelados na Lei de Tortura são a dignidade da pessoa humana, sua integridade física e psíquica e sua liberdade.

— 10.3 — Crime em espécie

A Lei n. 9.455/1997 apresenta a reprovação penal consoante a delimitação do tipo penal:

> Art. 1º Constitui crime de tortura:
>
> I - constranger alguém com emprego de violência ou grave ameaça, causando-lhe sofrimento físico ou mental:

a) com o fim de obter informação, declaração ou confissão da vítima ou de terceira pessoa;

b) para provocar ação ou omissão de natureza criminosa;

c) em razão de discriminação racial ou religiosa;

II - submeter alguém, sob sua guarda, poder ou autoridade, com emprego de violência ou grave ameaça, a intenso sofrimento físico ou mental, como forma de aplicar castigo pessoal ou medida de caráter preventivo.

Pena - reclusão, de dois a oito anos.

§ 1º Na mesma pena incorre quem submete pessoa presa ou sujeita a medida de segurança a sofrimento físico ou mental, por intermédio da prática de ato não previsto em lei ou não resultante de medida legal.

§ 2º Aquele que se omite em face dessas condutas, quando tinha o dever de evitá-las ou apurá-las, incorre na pena de detenção de um a quatro anos.

§ 3º Se resulta lesão corporal de natureza grave ou gravíssima, a pena é de reclusão de quatro a dez anos; se resulta morte, a reclusão é de oito a dezesseis anos.

§ 4º Aumenta-se a pena de um sexto até um terço:

I - se o crime é cometido por agente público;

II - se o crime é cometido contra criança, gestante, portador de deficiência, adolescente ou maior de 60 (sessenta) anos;

III - se o crime é cometido mediante seqüestro.

§ 5º A condenação acarretará a perda do cargo, função ou emprego público e a interdição para seu exercício pelo dobro do prazo da pena aplicada.

> § 6º O crime de tortura é inafiançável e insuscetível de graça ou anistia.
>
> § 7º O condenado por crime previsto nesta Lei, salvo a hipótese do § 2º, iniciará o cumprimento da pena em regime fechado. (Brasil, 1997a)

— 10.3.1 —
Núcleo do tipo penal

O núcleo do tipo penal é a conduta humana, o verbo disposto no delito. Em atenção ao inciso I, a conduta reprovada é "constranger". É possível conceituar o núcleo do tipo "constranger" como a conduta de obrigar alguém a fazer algo contra sua vontade, retirando sua liberdade de autodeterminação. Com o intuito de causar constrangimento à vítima, o agente vale-se de meios para perpetrar sua execução, conforme disposto no tipo penal, senão vejamos:

- **Violência a pessoa**: utilização de força física contra a vítima da tortura, com ataque à integridade física mediante corporal ou vias de fato.
- **Grave ameaça**: constrangimento moral pelo qual um agente procura impor sua vontade a outrem, com a finalidade de que este faça o que lhe é determinado, sob pena de sofrer dano considerável de um bem jurídico. A doutrina entende que é necessário para configurar grave ameaça a realização

de um mal injusto (com grande relevância na esfera pessoal ou moral), atual ou iminente e com verossimilhança da possibilidade de ser realizado.

Com a análise do art. 1º da Lei de Tortura, podemos extrair as modalidades de tortura dispostas, quais sejam:

- **Tortura prova ou tortura persecutória**: trata-se da modalidade de tortura em que o agente obriga alguém a fazer o que não quer, utilizando violência ou grave ameaça, com a finalidade de obtenção de uma confissão ou declaração da vítima ou de terceira pessoa (inciso I, alínea "a").
- **Tortura crime**: modalidade de tortura em que o agente utiliza a força física ou a coação moral para obrigar alguém a praticar um crime (inciso I, alínea "b"). Não configura o crime de tortura se o agente obrigar a outrem a prática de contravenção penal.
- **Tortura racismo, preconceito ou discriminatória**: modalidade de tortura em que o agente pratica o delito com o intuito certo e determinado, sendo a discriminação racial ou religiosa (inciso I, alínea "c").

A Lei n. 12.288, de 20 de julho de 2010, apresenta o conceito de discriminação racial em seu art. 1º, inciso I:

> discriminação racial ou étnico-racial: toda distinção, exclusão, restrição ou preferência baseada em raça, cor, descendência ou origem nacional ou étnica que tenha por objeto anular ou restringir o reconhecimento, gozo ou exercício, em igualdade

> de condições, de direitos humanos e liberdades fundamentais nos campos político, econômico, social, cultural ou em qualquer outro campo da vida pública ou privada. (Brasil, 2010a)

Assim, torna-se importante a interpretação sistemática como forma de imputação do delito.

— 10.4 —
Sujeito ativo e sujeito passivo

Os delitos dispostos na lei são considerados crime comum, ou seja, enquadram-se na categoria de delito que não exige uma qualidade especial do agente para seu cometimento. O sujeito ativo pode ser qualquer pessoa. Como sujeito passivo do delito, isto é, aquele que sofre a conduta típica, também pode figurar qualquer pessoa, não se exigindo nenhuma qualidade especial relativa ao autor nem à vítima. No caso de ter sido praticado por funcionário público, incide a causa de aumento de pena disposto no art. 1º, parágrafo 4º, inciso I (aumento de um sexto até um terço).

É preciso ter atenção para o disposto no inciso que configura um crime próprio cujo sujeito ativo é quem dispõe de autoridade sobre a vítima, por exemplo: pai, tutor, curador. Já o sujeito passivo corresponde a quem está sob essa autoridade, como filhos, curatelados, tutelados.

Observe a decisão do Superior Tribunal de Justiça (STJ), para a delimitação do conceito de **tortura-prova**:

Jurisprudência

RECURSO ESPECIAL. TORTURA QUALIFICADA. LESÃO CORPORAL LEVE. DESCLASSIFICAÇÃO. INVIABILIDADE. DESNECESSIDADE DE INTENSO SOFRIMENTO OU DE CARÁTER MARTIRIZANTE. PRINCÍPIO DA ESPECIALIDADE. RECURSO ESPECIAL PROVIDO.

1. Diversamente do previsto no tipo do inciso II do art. 1º da Lei n. 9.455/1997, definido pela doutrina como tortura-pena ou tortura-castigo, a qual requer intenso sofrimento físico ou mental, **a tortura-prova, do inciso I, alínea "a", não traz o tormento como requisito do sofrimento causado à vítima. Basta que a conduta haja sido praticada com o fim de obter informação, declaração ou confissão da vítima ou de terceira pessoa e que haja causado sofrimento físico ou mental, independentemente de sua gravidade ou sua intensidade**.

2. Na hipótese dos autos, as instâncias de origem reconheceram que a atuação dos policiais causou sofrimento físico e mental às vítimas e se deu com a finalidade de obter a confissão do local onde estavam os objetos furtados e a arma do crime.

3. Assim, por ser o delito de tortura especial em relação ao crime de lesão corporal, previsto no art. 129 do CP, a conduta praticada pelos recorridos amolda-se ao tipo previsto no art. 1º, I, "a", da Lei n. 9.455/1997.

4. Recurso especial parcialmente conhecido e, nessa extensão, provido, para restabelecer a condenação pelo crime de tortura qualificada, nos moldes em que fixada pela sentença de primeiro grau.

(STJ, REsp n. 1.580.470/PA, Relator: Min. Rogerio Schietti Cruz, data de julgamento: 20/08/2018, data de publicação: 02/09/2018, 6ª Turma, grifo nosso)

No julgado a seguir, o STJ delimita a imputação do delito de **tortura** na modalidade **castigo**:

Jurisprudência

RECURSO ESPECIAL. ACÓRDÃO A QUO QUE DESCLASSIFICOU A CONDUTA PERPETRADA PELOS RECORRIDOS DE CRIME DE TORTURA-CASTIGO (ART. 1º, II, DA LEI N. 9.455/1997) PARA O CRIME DE LESÃO CORPORAL GRAVE. VIOLAÇÃO DO ART. 1º, II, DA LEI N. 9.455/1997. RECURSO QUE OBJETIVA O RESTABELECIMENTO DA CONDENAÇÃO. IMPROCEDÊNCIA. CRIME PRÓPRIO QUE SÓ PODE SER PERPETRADO POR AGENTE QUE OSTENTE POSIÇÃO DE GARANTE (OBRIGAÇÃO DE CUIDADO, PROTEÇÃO OU VIGILÂNCIA) COM RELAÇÃO À VÍTIMA.

1. O conceito de tortura, tomado a partir dos instrumentos de direito internacional, tem um viés estatal, implicando que o crime só poderia ser praticado por agente estatal (funcionário público) ou por um particular no exercício de função pública, consubstanciando, assim, crime próprio.

[...]

4. **O crime de tortura, na forma do art. 1º, II, da Lei n. 9.455/1997 (tortura-castigo), ao contrário da figura típica do inciso anterior, não pode ser perpetrado por qualquer pessoa, na medida em que exige atributos específicos do agente ativo, somente cometendo essa forma de tortura quem detiver outra pessoa sob sua guarda, poder ou autoridade (crime próprio).**

5. A expressão guarda, poder ou autoridade denota um vínculo preexistente, de natureza pública, entre o agente ativo e o agente passivo do crime. Logo, o delito até pode ser perpetrado por um particular, mas ele deve ocupar posição de garante (obrigação de cuidado, proteção ou vigilância) com relação à vítima, seja em virtude da lei ou de outra relação jurídica.

6. Ampliar a abrangência da norma, de forma a admitir que o crime possa ser perpetrado por particular que não ocupe a posição de garante, seja em decorrência da lei ou de prévia relação jurídica, implicaria uma interpretação desarrazoada e desproporcional, também não consentânea com os instrumentos internacionais que versam sobre o tema.

> 7. No caso, embora a vítima estivesse subjugada de fato, ou seja, sob poder dos recorridos, inexistia uma prévia relação jurídica apta a firmar a posição de garante dos autores com relação à vítima, circunstância que obsta a tipificação da conduta como crime de tortura, na forma do art. 1º, II, da Lei n. 9.455/1997.
>
> 8. Recurso especial improvido.
>
> (STJ, REsp n. 1.738.264/DF, Relator: Min. Sebastião Reis Júnior, data de julgamento: 22/08/2018, data de publicação: 13/09/2018, 6ª Turma, grifo nosso)

Por fim, conforme o dispositivo constitucional, o delito de tortura é equiparado a hediondo, atraindo as disposições da lei inerente aos crimes hediondos[2].

---

2 Ver Capítulo 5.

Capítulo 11

Crimes de trânsito

O legislador trouxe para a tutela penal os crimes cometidos na direção de veículos automotores. Desse modo, pelo princípio da especialidade, as disposições do Código de Trânsito Brasileiro (CTB) se sobrepõem aos demais delitos, atraindo sua aplicação.

— 11.1 —
Objetivo da lei

O CTB – Lei n. 9.503, de 23 de setembro de 1997 (Brasil, 1997b) – visou disciplinar toda a matéria relacionada ao trânsito, prevendo as infrações administrativas e infrações penais.

O Anexo I do CTB define veículo automotor da seguinte maneira:

> todo veículo a motor de propulsão que circule por seus próprios meios, e que serve normalmente para transporte viário de pessoas e coisas, ou para a tração viária de veículos utilizados para o transporte de pessoas e coisas. O termo compreende os veículos conectados a uma linha elétrica e que não circulam sobre trilhos (ônibus elétrico). (Brasil, 1997b)

São considerados crimes de trânsito os delitos cometidos na direção de veículos automotores, desde que o elemento subjetivo seja a culpa.

As infrações de trânsito são entendidas como condutas danosas à segurança dos cidadãos, bem como à do próprio ofensor, ou seja, daquele que está na direção do veículo automotor. Portanto, merecem a atenção penal como forma de prevenção dos delitos.

— 11.2 —
Bem jurídico tutelado

Os bens jurídicos salvaguardados pelo CTB são a segurança viária, a vida, a integridade física. O próprio CTB define os valores importantes dignos de tutela pena. Vejamos:

- Art. 1º § 2: "O trânsito, em condições seguras, é um direito de todos e dever dos órgãos e entidades componentes do Sistema Nacional de Trânsito, a estes cabendo, no âmbito das respectivas competências, adotar as medidas destinadas a assegurar esse direito" (Brasil, 1997b). Bem jurídico tutelado: segurança viária.
- Art. 302: "Praticar homicídio culposo na direção de veículo automotor" (Brasil, 1997b). Bem jurídico tutelado: a vida.
- Art. 303: "Praticar lesão corporal culposa na direção de veículo automotor" (Brasil, 1997b). Bem jurídico tutelado: a integridade física.

— 11.3 —
Crimes em espécie

Para a maioria dos crimes previstos no CTB, utiliza-se ora o termo *veículo automotor* (arts. 302, 303 e 306 a 310), ora tão somente *veículo* (arts. 304 e 305). Em alguns casos, não há nenhuma indicação, mas a norma está implicitamente disposta (art. 311). A **classificação dos veículos** está regulada no art. 96 do CTB.

— 11.3.1 —
Homicídio culposo na direção de veículo automotor

Com relação ao cometimento de homicídio culposo na direção de veículo automotor, o CTB versa o seguinte:

> Art. 302. Praticar homicídio culposo na direção de veículo automotor:
>
> Penas – detenção, de dois a quatro anos, e suspensão ou proibição de se obter a permissão ou a habilitação para dirigir veículo automotor.
>
> Parágrafo único. No homicídio culposo cometido na direção de veículo automotor, a pena é aumentada de um terço à metade, se o agente:
>
> I – não possuir Permissão para Dirigir ou Carteira de Habilitação;
>
> II – praticá-lo em faixa de pedestres ou na calçada;

> III - deixar de prestar socorro, quando possível fazê-lo sem risco pessoal, à vítima do acidente;
>
> IV - no exercício de sua profissão ou atividade, estiver conduzindo veículo de transporte de passageiros.
>
> § 1º No homicídio culposo cometido na direção de veículo automotor, a pena é aumentada de 1/3 (um terço) à metade, se o agente:
>
> I - não possuir Permissão para Dirigir ou Carteira de Habilitação;
>
> II - praticá-lo em faixa de pedestres ou na calçada;
>
> III - deixar de prestar socorro, quando possível fazê-lo sem risco pessoal, à vítima do acidente;
>
> IV - no exercício de sua profissão ou atividade, estiver conduzindo veículo de transporte de passageiros.
>
> [...]
>
> § 3º Se o agente conduz veículo automotor sob a influência de álcool ou de qualquer outra substância psicoativa que determine dependência:
>
> Penas - reclusão, de cinco a oito anos, e suspensão ou proibição do direito de se obter a permissão ou a habilitação para dirigir veículo automotor. (Brasil, 1997b)

Sempre deverá ser verificado se, no caso concreto, haverá causas de aumento de pena, as quais estão dispostas no art. 302, parágrafo 1º (aumento de 1/3). Se o agente incorre nas reprovações penais a seguir, incide o aumento de pena:

- não possuir CNH;
- praticá-lo em faixa de pedestre ou na calçada;
- omissão de socorro;
- no exercício de profissão ou atividade.

— 11.3.2 —
Lesão corporal culposa na direção de veículo automotor

O CTB trata a lesão corporal culposa na direção de veículo automotor da seguinte maneira:

> Art. 303. Praticar lesão corporal culposa na direção de veículo automotor:
>
> Penas - detenção, de seis meses a dois anos e suspensão ou proibição de se obter a permissão ou a habilitação para dirigir veículo automotor.
>
> § 1º Aumenta-se a pena de 1/3 (um terço) à metade, se ocorrer qualquer das hipóteses do § 1o do art. 302.
>
> § 2º A pena privativa de liberdade é de reclusão de dois a cinco anos, sem prejuízo das outras penas previstas neste artigo, se o agente conduz o veículo com capacidade psicomotora alterada em razão da influência de álcool ou de outra substância psicoativa que determine dependência, e se do crime resultar lesão corporal de natureza grave ou gravíssima. (Brasil, 1997b)

O alcance do tipo penal se restringe àquelas lesões corporais culposas cometidas na direção de veículo automotor. No caso, por exemplo, de lesão corporal praticada com o intuito final de lesão ao bem jurídico da vítima, contudo, interpreta-se o delito a partir das disposições do art. 129 do Código Penal.

> Estes dois crimes são, por atropelamento de pedestres ou colisão entre veículos, sem nenhuma sombra de dúvida, os de maior incidência dentre os chamados crimes de trânsito. Os prejuízos e consequências deles resultantes, sejam de ordem material ou moral, são imensuráveis. [...]
>
> Se por um lado é absolutamente impossível suprimir o tráfego de veículos, por outro é absolutamente necessário para a convivência social que aí todos se hajam com a chamada *obligatio ad diligentiam*. Conquanto perigosa a atividade no tráfego, haverá´dela ser desenvolvida com o necessário cuidado para não produzir resultado que for *previsível*. (Fukassawa, 2015, p. 191, grifo do original)

— 11.3.3 —
Elementos do delito culposo

De acordo com o art. 18 do Código Penal, culpa *stricto sensu* é a voluntária omissão do dever objetivo de cuidado de um fato previsível ao homem comum e que produz um resultado: nesse caso, a morte da vítima ou lesões corporais. A lei prevê apenas as modalidades de culpa que são imprudência, negligência e imperícia. Conforme Fernando Fukassawa (2015, p. 196-197), as formas da manifestação da culpa se amoldam como:

- **Imprudência**: é a prática de fato perigoso com violação de regras de conduta ordinariamente adotadas, encerrando uma atividade (culpa *in agendo* ou *in cometendo*).
- **Negligência**: é comportamento negativo, passivo, encerrando uma inatividade pela qual o agente omite as normas de conduta ditadas pela experiência comum (culpa *in omittendo*).
- **Imperícia**: pressupõe prática de ato no exercício de um mister, com falta de observância de cuidados especiais na arte, ofício ou profissão, tanto haja falta de habilidade ou insuficiência profissional do autor. Pode ocorrer por ignorância (ausência de conhecimento de determinado objeto ou fenômeno), por erro (juízo incorreto ou equivocado acerca de determinado fenômeno) e por inabilidade (defeito na tradução do juízo em atos).

A imperícia na direção do veículo só se verifica quando o condutor, tendo possibilidade de dominá-lo, não demonstra competência para fazê-lo. Em sede de acidente de trânsito, a imperícia não pode extrair-se, unicamente, da falta de habilitação legal para conduzir veículos motorizados. Aliás, é regra que a culpa deve ser efetiva, e nunca presumida.

A seguir, apresentamos jurisprudência sobre o assunto:

Jurisprudência

PENAL E PROCESSUAL PENAL. **HOMICÍDIO CULPOSO NA DIREÇÃO DE VEÍCULO AUTOMOTOR. ARTIGO 302 DA LEI 9.503/97.** CTB. MATERIALIDADE, AUTORIA E CULPA DEMONSTRADAS. CULPA DE TERCEIRO. NÃO DEMONSTRAÇÃO. DOSIMETRIA DA PENA. PRESTAÇÃO PECUNIÁRIA. CONDIÇÕES FINANCEIRAS DO RÉU. ANÁLISE DA COMPATIBILIDADE. REPARAÇÃO MÍNIMA. EFEITOS DA SENTENÇA. NECESSIDADE DE PEDIDO

1. **O delito do artigo 302 da Lei nº 9.503/97 (Código de Trânsito Brasileiro) é em crime comum, não se exigindo qualquer condição especial do agente, cujo elemento subjetivo é a culpa. É um crime especial em relação ao homicídio culposo previsto no Código Penal porquanto depende de que o agente esteja conduzindo veículo automotor para a sua configuração. Cuida-se de crime material, dependendo da concretização do resultado para a sua consumação, não se admitindo a tentativa**.

2. Materialidade, autoria e culpa demonstradas.

3. A pena de prestação pecuniária não deve ser arbitrada em valor excessivo, de modo a tornar o réu insolvente, ou irrisório, que sequer seja sentida como sanção, permitindo-se ao magistrado a utilização do conjunto de elementos indicativos de capacidade financeira, tais como a renda mensal declarada, o alto custo da empreitada criminosa, o pagamento anterior de fiança elevada.

4. Somente o excesso desproporcional representa ilegalidade na fixação da prestação pecuniária e autoriza a revisão fundamentada pelo juízo recursal.

5. Obrigação de indenizar surgida como efeito da sentença condenatória (art. 91, I do CP) não torna necessariamente certa a indenização. Para a fixação do valor mínimo a indenizar, é imprescindível que haja pedido expresso na inicial, quer do Ministério Público Federal, quer da vítima, a fim de possibilitar o exercício do contraditório e da ampla defesa com relação ao valor pretendido.

6. Apelação da assistência à acusação parcialmente provida e apelação defensiva desprovida.

(TRF4, Acr – Apelação Criminal n. 5001449-19.2016.4.04.7009, Relator: Des. João Pedro Gebran Neto, data de julgamento: 20/02/2018, data de publicação: 20/02/2018, 8ª Turma, grifo nosso)

Jurisprudência

ADMINISTRATIVO. TRÂNSITO. AUTO DE INFRAÇÃO. **TESTE DO BAFÔMETRO. SUJEIÇÃO OBRIGATÓRIA. APLICABILIDADE DAS PENAS DE MULTA E SUSPENSÃO DO DIREITO DE DIRIGIR.**

A simples recusa do condutor de submeter-se ao exame do etilômetro (teste do bafômetro), independentemente de apresentar ou não sinais de embriaguez, constitui infração autônoma (art. 277, parágrafo 3º, do CTB, na redação da Lei nº 11.705/08), o que torna aplicáveis as penas de multa e suspensão do direito de dirigir previstas no art. 165 do CTB.

(TRF4, Ac - Apelação Cível n. 5021809-56.2017.4.04.7100, Relator: Des. Rogerio Favreto, data de julgamento: 22/10/2018, data de publicação: 22/10/2018, 3ª Turma, grifo nosso)

Jurisprudência

PENAL. DESACATO. CORRUPÇÃO ATIVA. ARTIGOS 331 E 333 DO CÓDIGO PENAL. **DIREÇÃO DE VEÍCULO AUTOMOTOR SEM A CARTEIRA NACIONAL DE HABILITAÇÃO. MATERIALIDADE, AUTORIA E DOLO COMPROVADOS**. PROVA TESTEMUNHAL IDONEA. DOSIMETRIA. SENTENÇA MANTIDA.

12. Pratica o delito do artigo 309 do Código de Trânsito Brasileiro quem dirige veículo automotor sem a Carteira Nacional de Habilitação.

(TRF4, Acr - Apelação Criminal

5006516-51.2014.4.04.7003, Relator: Des. Sebastião Ogê Muniz, data de julgamento: 21/11/2016, data de publicação: 21/11/2016, 7ª Turma, grifo nosso)

Em que pese a existência de legislação condizente com a necessidade da tutela penal nos crimes de trânsito, na contemporaneidade, verificamos o aumento dos delitos na direção de veículo autormotor, mesmo após passados mais de 20 anos da promulgação do CTB.

Capítulo 12

Crimes contra o meio ambiente

Com a Lei n. 9.605, de 12 de fevereiro de 1998, chamada *Lei de Crimes Ambientais*, o legislador buscou definir as "sanções penais e administrativas derivadas de condutas e atividades lesivas ao meio ambiente" (Brasil, 1998a).

— 12.1 — Objetivo da lei

A tutela dos direitos coletivos referentes ao meio ambiente foi trazida para a tutela penal por meio da lei e da vontade legislativa. O conceito de meio ambiente está previsto no art. 3°, inciso I, da Lei n. 6.938, de 31 de agosto de 1981, que dispõe sobre a Política Nacional de Meio Ambiente: "conjunto de condições, leis, influências e interações de ordem física, química e biológica, que permite, abriga e rege a vida em todas as suas formas" (Brasil, 1981).

— 12.2 — Responsabilidade penal da pessoa jurídica

O art. 3º da Lei n. 9.605/1998 permite imputar responsabilidade criminal aos entes empresariais[1]:

1 Para maior aprofundamento do tema, sugerimos a leitura de: Busato; Greco, 2020.

> Art. 3º As pessoas jurídicas serão responsabilizadas administrativa, civil e penalmente conforme o disposto nesta Lei, nos casos em que a infração seja cometida por decisão de seu representante legal ou contratual, ou de seu órgão colegiado, no interesse ou benefício da sua entidade.
>
> Parágrafo único. A responsabilidade das pessoas jurídicas não exclui a das pessoas físicas, autoras, coautoras ou partícipes do mesmo fato. (Brasil, 1998a)

Independentemente da discussão doutrinária acerca do tema (a pessoa jurídica teria capacidade de ação, consciência e vontade própria para delinquir?), há um firme precedente do Supremo Tribunal Federal (STF), apresentado a seguir:

Jurisprudência

RECURSO EXTRAORDINÁRIO. DIREITO PENAL. **CRIME AMBIENTAL. RESPONSABILIDADE PENAL DA PESSOA JURÍDICA.** CONDICIONAMENTO DA AÇÃO PENAL À IDENTIFICAÇÃO E À PERSECUÇÃO CONCOMITANTE DA PESSOA FÍSICA QUE NÃO ENCONTRA AMPARO NA CONSTITUIÇÃO DA REPÚBLICA.

1. O art. 225, § 3º, da Constituição Federal não condiciona a responsabilização penal da pessoa jurídica por crimes ambientais à simultânea persecução penal da pessoa física

em tese responsável no âmbito da empresa. A norma constitucional não impõe a necessária dupla imputação.

2. As organizações corporativas complexas da atualidade se caracterizam pela descentralização e distribuição de atribuições e responsabilidades, sendo inerentes, a esta realidade, as dificuldades para imputar o fato ilícito a uma pessoa concreta.

3. Condicionar a aplicação do art. 225, § 3º, da Carta Política a uma concreta imputação também a pessoa física implica indevida restrição da norma constitucional, expressa a intenção do constituinte originário não apenas de ampliar o alcance das sanções penais, mas também de evitar a impunidade pelos crimes ambientais frente às imensas dificuldades de individualização dos responsáveis internamente às corporações, além de reforçar a tutela do bem jurídico ambiental.

4. A identificação dos setores e agentes internos da empresa determinantes da produção do fato ilícito tem relevância e deve ser buscada no caso concreto como forma de esclarecer se esses indivíduos ou órgãos atuaram ou deliberaram no exercício regular de suas atribuições internas à sociedade, e ainda para verificar se a atuação se deu no interesse ou em benefício da entidade coletiva. Tal esclarecimento, relevante para fins de imputar determinado delito à pessoa jurídica, não se confunde, todavia, com subordinar a responsabilização da pessoa jurídica à responsabilização conjunta e cumulativa das pessoas físicas envolvidas. Em não raras oportunidades, as responsabilidades internas pelo fato estarão

diluídas ou parcializadas de tal modo que não permitirão a imputação de responsabilidade penal individual.

5. Recurso Extraordinário parcialmente conhecido e, na parte conhecida, provido.

(STF, RE n. 548.181, Relatora: Min. Rosa Weber, data de julgamento: 06/08/2013, data de publicação: 30/10/2014, 1ª Turma, grifo nosso)

A seguir, vejamos o teor de acórdão em que o Superior Tribunal de Justiça (STJ) reafirma o posicionamento do STF:

Jurisprudência

PROCESSUAL PENAL. RECURSO ORDINÁRIO EM HABEAS CORPUS. TRANCAMENTO DA AÇÃO PENAL. INÉPCIA DA DENÚNCIA. POSSIBILIDADE. IMPUTAÇÃO DE CRIME AMBIENTAL A SÓCIOS OU ADMINISTRADORES DE PESSOA JURÍDICA. NECESSIDADE DE ESPECIFICAR OS DANOS AMBIENTAIS E A ATIVIDADE DESENVOLVIDA PELO GESTOR INCRIMINADO. DUPLA IMPUTAÇÃO. PRESCINDIBILIDADE.

[...]

> 4. **Tendo em vista que a Primeira Turma do Supremo Tribunal Federal reconheceu que a necessidade de dupla imputação nos crimes ambientes é prescindível, uma vez que viola o disposto no art. 225, § 3º, da Constituição Federal (RE n. 548.181/PR, relatora Ministra Rosa Weber, DJe 30/10/2014-Informativo n. 714/STF), a ação penal deve prosseguir somente para a pessoa jurídica acusada.**
>
> 5. Recurso ordinário provido para reconhecer a inépcia da denúncia oferecida contra os recorrentes, excluindo-os do polo passivo da ação penal, sem prejuízo de que outra seja oferecida com a observância dos parâmetros legais.
>
> (STJ, RHC n. 50.470ES, Relator: Min. Gurgel de Faria, data de julgamento: 17/09/2015, data de publicação: 06/10/2015, 5ª Turma, grifo nosso)

Trata-se de discussão teórica que perdura até a atualidade. Setores da doutrina entendem pela incapacidade de a pessoa jurídica delinquir[2], ao passo que outro núcleo de autores posicionam-se pela capacidade de a empresa praticar delitos, mediante suas decisões colegiadas, bem como pela sua vontade específica direcionada ao fim de delinquir[3].

---

2 Ver autores como Juarez Cirino dos Santos e René Ariel Dotti.

3 Ver autores como Paulo César Busato, Samuel Ebel Braga Ramos e Gustavo Britta Scandelari.

— 12.3 —
Crimes em espécie

Os crimes contra o meio ambiente estão disciplinados no Capítulo V da Lei n. 9.605/1998 (Brasil, 1998a). São eles:

- Crimes contra a fauna (Seção I);
- Crimes contra a flora (Seção II);
- Da poluição e outros crimes ambientais (Seção III);
- Crimes contra o ordenamento urbano e o patrimônio cultural (Seção IV);
- Crimes contra a administração ambiental (Seção V).

Destacam-se os seguintes delitos:

> Art. 29. Matar, perseguir, caçar, apanhar, utilizar espécimes da fauna silvestre, nativos ou em rota migratória, sem a devida permissão, licença ou autorização da autoridade competente, ou em desacordo com a obtida:
>
> Pena - detenção de seis meses a um ano, e multa.
>
> § 1º Incorre nas mesmas penas:
>
> I - quem impede a procriação da fauna, sem licença, autorização ou em desacordo com a obtida;
>
> II - quem modifica, danifica ou destrói ninho, abrigo ou criadouro natural;
>
> III - quem vende, expõe à venda, exporta ou adquire, guarda, tem em cativeiro ou depósito, utiliza ou transporta ovos, larvas ou espécimes da fauna silvestre, nativa ou em rota migratória, bem como produtos e objetos dela oriundos, provenientes de

criadouros não autorizados ou sem a devida permissão, licença ou autorização da autoridade competente.

§ 2° No caso de guarda doméstica de espécie silvestre não considerada ameaçada de extinção, pode o juiz, considerando as circunstâncias, deixar de aplicar a pena.

§ 3° São espécimes da fauna silvestre todos aqueles pertencentes às espécies nativas, migratórias e quaisquer outras, aquáticas ou terrestres, que tenham todo ou parte de seu ciclo de vida ocorrendo dentro dos limites do território brasileiro, ou águas jurisdicionais brasileiras.

§ 4° A pena é aumentada de metade, se o crime é praticado:

I – contra espécie rara ou considerada ameaçada de extinção, ainda que somente no local da infração;

II – em período proibido à caça;

III – durante a noite;

IV – com abuso de licença;

V – em unidade de conservação;

VI – com emprego de métodos ou instrumentos capazes de provocar destruição em massa.

§ 5° A pena é aumentada até o triplo, se o crime decorre do exercício de caça profissional.

§ 6° As disposições deste artigo não se aplicam aos atos de pesca. (Brasil, 1998a)

O conceito de fauna silvestre está disposto no art. 29, parágrafo 3º, da Lei de Crimes Ambientais:

> § 3º São espécimes da fauna silvestre todos aqueles pertencentes às espécies nativas, migratórias e quaisquer outras, aquáticas ou terrestres, que tenham todo ou parte de seu ciclo de vida ocorrendo dentro dos limites do território brasileiro, ou águas jurisdicionais brasileiras. (Brasil, 1998a)

Verificam-se aqui os delitos comumente praticados contra o meio ambiente. Vale ressaltar a enorme quantidade de delitos trazidos pelo legislador no bojo da lei.

— 12.4 —
Sujeito ativo e sujeito passivo

Os delitos dispostos na Lei de Crimes Ambientais são considerados crimes comuns, ou seja, trata-se da categoria do delito que não exige uma qualidade especial do agente para seu cometimento. O sujeito ativo pode ser qualquer pessoa, e o sujeito passivo do delito, isto é, aquele que sofre a conduta típica, é, de forma ampla, a sociedade como um todo.

Sempre importante verificar a jurisprudência sobre o tema, como demonstramos a seguir:

Jurisprudência

DIREITO PENAL. **CRIME AMBIENTAL. ART. 29 DA LEI Nº 9.605/98. MANTER EM CATIVEIRO**. EMENDATIO LIBELLI. ART. 29, § 1º,III DA LEI 9.605.CRIADOR AUTORIZADO PELO IBAMA.FALTA DE ATUALIZAÇÃO DO PLANTEL NO SISPASS. MERA INFRAÇÃO ADMINISTRATIVA. ATIPICIDADE PENAL. ABSOLVIÇÃO. FALSIFICAÇÃO DE SELO OU SINAL PÚBLICO (ART. 296, § 1º, I, DO CP). USO DE ANILHAS CONTRAFEITAS. DOLO. COMPROVAÇÃO. PRESTAÇÃO PECUNÁRIA. REDUÇÃO.

1. Comete, em tese, o crime do art. 29, § 1º, inciso III da Lei 9.605 o agente que tem em cativeiro espécime da fauna silvestre sem a devida autorização do IBAMA.

(TRF4, Acr – Apelação Criminal n. 5003297-59.2012.4.04.7210, Relator: Des. Leandro Paulsen, data de julgamento: 21/03/2017, data de publicação: 21/03/2017, 8ª Turma, grifo nosso)

Jurisprudência

PENAL. **ARTIGO 29, § 1º, III DA LEI 9.605/98. MANTER EM CATIVEIRO ESPÉCIME DA FAUNA SILVESTRE**

SEM AUTORIZAÇÃO DA AUTORIDADE COMPETENTE. ARTIGO 32 DA LEI 9.605/98. MAUS-TRATOS. ARTIGO 296, §1º, I DO CÓDIGO PENAL. USO DE SINAIS PÚBLICOS FALSIFICADOS. ANILHAS ADULTERADAS. MATERIALIDADE, AUTORIA E DOLO COMPROVADOS. DOSIMETRIA. PENAS SUBSTITUTIVAS. PRESTAÇÃO PECUNIÁRIA. CONDIÇÕES FINANCEIRAS DO RÉU. ANÁLISE DA COMPATIBILIDADE. PRESTAÇÃO DE SERVIÇOS À COMUNIDADE.

1. Comete o delito tipificado no art. 29, § 1º, III, da Lei nº 9.605/98 o agente que mantém em cativeiro espécimes da fauna silvestre sem autorização da autoridade competente.

2. Pratica o delito de maus-tratos, tipificado no art. 32 da Lei nº 9.605/98, o agente que mantém animais em cativeiro sob condições insalubres, em local mal ventilado, sem iluminação natural e em péssimas condições de higiene.

(TRF4, Acr – Apelação Criminal n. 5011063-91.2015.4.04.7200, Relator: Des. João Pedro Gebran Neto, data de julgamento: 01/05/2018, data de publicação: 01/05/2018, 8ª Turma, grifo nosso)

Os crimes relacionados à prevenção e repressão da poluição estão dispostos no art. 54 da Lei n. 9.605/1998, vejamos:

> Art. 54. Causar poluição de qualquer natureza em níveis tais que resultem ou possam resultar em danos à saúde humana,

> ou que provoquem a mortandade de animais ou a destruição significativa da flora:
>
> Pena - reclusão, de um a quatro anos, e multa.
>
> § 1º Se o crime é culposo:
>
> Pena - detenção, de seis meses a um ano, e multa.
>
> § 2º Se o crime:
>
> I - tornar uma área, urbana ou rural, imprópria para a ocupação humana;
>
> II - causar poluição atmosférica que provoque a retirada, ainda que momentânea, dos habitantes das áreas afetadas, ou que cause danos diretos à saúde da população;
>
> III - causar poluição hídrica que torne necessária a interrupção do abastecimento público de água de uma comunidade;
>
> IV - dificultar ou impedir o uso público das praias;
>
> V - ocorrer por lançamento de resíduos sólidos, líquidos ou gasosos, ou detritos, óleos ou substâncias oleosas, em desacordo com as exigências estabelecidas em leis ou regulamentos:
>
> Pena - reclusão, de um a cinco anos.
>
> § 3º Incorre nas mesmas penas previstas no parágrafo anterior quem deixar de adotar, quando assim o exigir a autoridade competente, medidas de precaução em caso de risco de dano ambiental grave ou irreversível. (Brasil, 1998a)

O elemento subjetivo no delito disposto no art. 54 é o dolo, manifestado na vontade livre e consciente do agente em causar poluição de qualquer natureza em níveis que resultem nos danos mencionados no texto da lei.

Jurisprudência

PENAL E PROCESSUAL PENAL. AGRAVO REGIMENTAL NO AGRAVO EM RECURSO ESPECIAL. **CRIME AMBIENTAL. OMISSÃO NO ACÓRDÃO. INEXISTÊNCIA. OFENSA AO ARTIGO 54, § 2º, V, DA LEI N.º 9.605/98. NÃO OCORRÊNCIA. POLUIÇÃO. VAZAMENTO DE ÓLEO DIESEL. CONTAMINAÇÃO DO LENÇOL FREÁTICO COM BENZENO EM NÍVEIS SUPERIORES AO ACEITÁVEL PELA NORMA, DEVIDAMENTE DEMONSTRADA NOS AUTOS. PRODUTO CANCERÍGENO. RISCO À SAÚDE HUMANA COMPROVADO.** AGRAVO NÃO PROVIDO.

[...]

2. Quanto à suscitada negativa de vigência ao art. 54, da Lei 9.605/98, sob o argumento de que "é necessário que a poluição alcance níveis capazes de causar danos à saúde humana", também não assiste razão aos recorrentes. Isso porque, consoante se depreende do excerto transcrito, no caso ora examinado, constatou-se, por meio da Nota Técnica do ICMBio, elaborada em 29/12/2011, que o lençol freático foi contaminado por produto carcinogênico, qual seja o benzeno, em concentrações superiores àquelas estabelecidas pela Resolução CONAMA 420/09, o que, por si só, é suficiente para causar danos à saúde humana, não sendo necessário, conforme destacado pelo Tribunal a quo, a demonstração de lesão efetiva ao moradores da região.

3. Agravo regimental a que se nega provimento.

(STJ, Agrg no Aresp n. 1.273.153/SC, Relator: Min. Ribeiro Dantas, data de julgamento: 25/06/2018, data de publicação: 31/07/2018, 5ª Turma, grifo nosso)

Jurisprudência

RECURSO ESPECIAL. PENAL. **CRIME AMBIENTAL. POLUIÇÃO ART. 54, § 2º, V, DA LEI N. 9.605/1998. CRIME DE PERIGO CONCRETO. POTENCIALIDADE LESIVA DE CAUSAR DANOS À SAÚDE HUMANA**. IMPRESCINDÍVEL PROVA DO RISCO DE DANO. CRIME CONFIGURADO.

1. O delito descrito no art. 54, § 2º, V, da Lei n. 9.605/1998 é de perigo, não se exigindo a ocorrência do efetivo dano ao bem jurídico. Noutras palavras: não é necessário que a poluição pelo lançamento de resíduos sólidos, líquidos ou gasosos, ou detritos, óleos ou substâncias oleosas afete a saúde, a fauna ou a flora. Esse perigo, no entanto, é concreto, cabendo ao órgão acusatório demonstrar concretamente que esses bens jurídicos foram expostos à perigo.

2. In casu, o primeiro grau de jurisdição, com aporte nas perícias realizadas, deixou indubitável a efetiva exposição à perigo da saúde humana e do meio ambiente, considerando que, embora não exista prova cabal do lançamento de resíduos na água destinada ao consumo das pessoas e da

> água do arroio Cascalho, junto à encosta desse arroio foi encontrado fenol, ferro, manganês e surfactantes, resíduos esses perigosos.
>
> 3. Recurso especial provido para restabelecer as condenações impostas.
>
> (STJ, REsp n. 1.638.060/RS, Relator: Min. Sebastião Reis Júnior, data de julgamento: 02/05/2018, data de publicação: 10/05/2018, 6ª Turma, grifo nosso)

Com a análise da jurisprudência elencada, constatamos a necessidade que os níveis de poluição sejam suficientes para resultar, ou haver possibilidade de resultar, em danos para a saúde humana, ou, de igual modo, mortandade de animais e para a destruição da flora de forma significativa.

Capítulo 13

Crimes contra a propriedade intelectual de programa de computador

Com a promulgação da Lei n. 9.609, de 19 de fevereiro de 1998, o legislador buscou na tutela penal a proteção da propriedade intelectual dos autores de programas de computador, de sua comercialização, das questões de registro e da utilização de sistemas informáticos (Brasil, 1998b).

— 13.1 — Exposição da lei

Os comandos normativos da Lei n. 9.609/1998 "dispõem sobre a proteção da propriedade intelectual de programa de computador e sua comercialização" (Brasil, 1998b). O conceito de programa de computador está previsto em seu art. 1º, conforme segue:

> Art. 1º Programa de computador é a expressão de um conjunto organizado de instruções em linguagem natural ou codificada, contida em suporte físico de qualquer natureza, de emprego necessário em máquinas automáticas de tratamento da informação, dispositivos, instrumentos ou equipamentos periféricos, baseados em técnica digital ou análoga, para fazê-los funcionar de modo e para fins determinados. (Brasil, 1998b)

Essa lei promoveu uma adaptação aos novos bens jurídicos, atraindo a competência para os novos riscos surgidos na contemporaneidade, com os chamados *delitos informáticos*. Admite-se a expansão do direito penal em enfrentamento às novas formas de criminalidade[1].

Passados 22 anos, não houve modificações na lei, mesmo diante ao célere desenvolvimento dos programas de computador. Atualmente, com o surgimento de aplicativos informáticos e a vasta gama de *softwares* disponíveis na rede mundial, evidentemente o legislador precisará considerar novas formas de criminalidade além do que está disposto na lei.

— 13.2 —
Crimes em espécie

O legislador trouxe no bojo da lei as tipificações inerentes às reprovações penais acerca das violações. Vejamos:

> Art. 12. Violar direitos de autor de programa de computador:
>
> Pena - Detenção de seis meses a dois anos ou multa.
>
> § 1º Se a violação consistir na reprodução, por qualquer meio, de programa de computador, no todo ou em parte, para fins de comércio, sem autorização expressa do autor ou de quem o represente:
>
> Pena - Reclusão de um a quatro anos e multa.
>
> § 2º Na mesma pena do parágrafo anterior incorre quem vende, expõe à venda, introduz no País, adquire, oculta ou tem em

1 Sugerimos a leitura de: Silva Sánchez, 2013; Beck, 2010.

> depósito, para fins de comércio, original ou cópia de programa de computador, produzido com violação de direito autoral.
>
> § 3º Nos crimes previstos neste artigo, somente se procede mediante queixa, salvo:
>
> I - quando praticados em prejuízo de entidade de direito público, autarquia, empresa pública, sociedade de economia mista ou fundação instituída pelo poder público;
>
> II - quando, em decorrência de ato delituoso, resultar sonegação fiscal, perda de arrecadação tributária ou prática de quaisquer dos crimes contra a ordem tributária ou contra as relações de consumo.
>
> § 4º No caso do inciso II do parágrafo anterior, a exigibilidade do tributo, ou contribuição social e qualquer acessório, processar-se-á independentemente de representação. (Brasil, 1998b)

O tipo penal apresenta a conduta reprovada como "violar" direitos de programa de computador. Em análise do *caput*, o legislador cominou penas menores para aqueles que copiam ilegalmente programas de computador com o intuito final de uso próprio, sem finalidade de lucro. Para aqueles que buscam vantagens financeiras com as violações de *softwares*, o legislador aumentou a reprimenda penal, conforme o parágrafo 1º.

— 13.3 —
Sujeito ativo e sujeito passivo

Os delitos dispostos são considerados crimes comuns, ou seja, é a categoria do delito que não exige uma qualidade especial do agente para seu cometimento. O sujeito ativo pode ser qualquer pessoa, e como sujeito passivo do delito, isto é, aquele que sofre a conduta típica, figuram os autores de programas de computador.

— 13.4 —
Bem jurídico tutelado

O direito do autor tutelado na propriedade intelectual do programa de computador e a propriedade intelectual são os bens jurídicos tutelados pela Lei n. 9.609/1998. A lei trata especificamente de programas de computador. A violação de direitos autorais está capitulada no Código Penal, art. 184.

É importante a leitura dos precedentes do Superior Tribunal de Justiça (STJ), no *Habeas Corpus* n. 132.750/MS, e do Supremo Tribunal Federal (STF), no *Habeas Corpus* n. 136.233/RS:

Jurisprudência

HABEAS CORPUS. **VENDA DE CDs e DVDs FALSIFICADOS. CONDUTA TIPIFICADA NO ART. 184, § 2º. DO CPB. BEM JURÍDICO DIVERSO DAQUELE TUTELADO NO ART. 12 DA LEI 9.609/98**. IMPOSSIBILIDADE DE COMBINAÇÃO DE LEIS PARA O FIM DE APLICAR PRECEITO SECUNDÁRIO DE UM TIPO A OUTRO. PARECER DO MPF PELA DENEGAÇÃO DO WRIT. ORDEM DENEGADA.

1. O paciente foi acusado de expor à venda, com intuito de lucro direto, 291 (duzentos e noventa e um) CDs, 200 (duzentos) CDs de play station 2 e 12 (doze) DVDs RW, todos falsificados, conduta que se amolda, em tese, ao art.184, § 2º. do CPB. Precedente. 2. O art. 12 da Lei 9.609/98 diz respeito à violação de direitos de autor de programa de computador, bem jurídico diverso daquele tutelado no art. 184, § 2º. do CPB, mais abrangente.

3. É consabido que não se admite a combinação de leis para que a conduta do paciente seja tipificada no art. 184, § 2º. do CPB e a pena aplicada seja aquela prevista no art. 12 da Lei 9.609/98. Precedente.

4. Ordem denegada.

(STJ, HC n. 132.750/MS, Relator: Min. Napoleão Nunes Maia Filho, data de julgamento: 04/05/2011, data de publicação: 12/06/2011, 5ª Turma, grifo nosso)

Jurisprudência

PENAL E PROCESSUAL PENAL. **VIOLAÇÃO DE DIREITOS AUTORAIS. ART. 184, §2º, DO CP. INSIGNIFICÂNCIA. GRANDE QUANTIDADE DE MÍDIAS FALSIFICADAS. INAPLICABILIDADE. INAPLICABILIDADE DO PRECEITO SECUNDÁRIO DO ART. 12, PARÁGRAFO 2º, DA LEI Nº 9.609/98**. PRESTAÇÃO PECUNIÁRIA. COMPATÍBILIDADE.

1. O bem jurídico protegido pelo tipo penal não é meramente o valor que deixou de ser pago ao detentor dos direitos autorais, mas a propriedade intelectual em si, impossibilitando a aplicação do princípio da insignificância, mormente quando o país se obrigou, no plano internacional, a reprimir tais condutas.

2. A internalização irregular de 1.050 mídias falsificadas certamente causa expressiva lesão jurídica aos direitos de autor envolvidos.

3. **O art. 12, parágrafo 2º, da Lei nº 9.609/98 é dispositivo legal de proteção específica quanto ao direito autoral sobre programas de computador, não sendo este o caso dos autos onde a apelante transportou DVDs com filmes diversos**.

4. A pena de prestação pecuniária deve atentar para a situação econômica do réu, sem que seja, no entanto, fixada em valor irrisório que sequer seja sentida como sanção.

(TRF4, Acr - Apelação Criminal n. 5007459-37.2015.4.04.7002, Relator: Des. Cláudia Cristina Cristofani, data de julgamento: 28/11/2016, data de publicação: 28/11/2016, 7ª Turma, grifo nosso)

Trata-se de tema presente na vida cotidiana do cidadão, com o advento do dinamismo das informações e da vasta utilização de programas de computador, por meio da modernização das comunicações. Com isso, o direito penal deve balizar as condutas danosas inerentes à infringência dos dispositivos legais, abarcando o direito dos autores e sua devida propriedade intelectual.

Capítulo 14

Crimes de lavagem de dinheiro

A Lei n. 9.613, de 3 de março de 1998 (Brasil, 1998c), surgiu como um compromisso do Brasil na Convenção das Nações Unidas contra o tráfico ilícito de entorpecentes e substâncias psicotrópicas, conhecida como *Convenção de Viena*.

A preocupação da comunidade internacional foi assumida pelo Brasil em razão da importância dada à elaboração de legislação específica para o combate dos chamados *delitos econômicos* e à prevenção ao branqueamento de capitais oriundos de delitos antecedentes, como tráfico de entorpecentes e outras oprerações dotadas de ilicitude.

— 14.1 — Objetivo da lei

A Convenção de Viena foi promulgada no Brasil por meio do Decreto n. 154, de 26 de junho de 1991. Em seu bojo, esse documento demonstrava enorme preocupação com o tráfico de entorpecentes:

> Profundamente preocupadas com a magnitude e a crescente tendência da produção, da demanda e do tráfico ilícitos de entorpecentes e de substâncias psicotrópicas, que representam uma grave ameaça à saúde e ao bem-estar dos seres humanos e que têm efeitos nefastos sobre as bases econômicas, culturais e políticas da sociedade,
>
> Profundamente preocupadas também com a sustentada e crescente expansão do tráfico ilícito de entorpecentes e de

> substâncias psicotrópicas nos diversos grupos sociais e, em particular, pela exploração de crianças em muitas partes do mundo, tanto na qualidade de consumidores como na condição de instrumentos utilizados na produção, na distribuição e no comércio ilícitos de entorpecentes e de substâncias psicotrópicas, o que constitui um perigo de gravidade incalculável. (Brasil, 1991a)

Dessa forma, visando coibir os delitos oriundos do tráfico de entorpecentes, tais como a lavagem de dinheiro, o legislador trouxe a codificação específica sobre o tema.

— 14.2 —
Conceito

Alguns conceitos e delimitações para o entendimento do que se convencionou chamar de *lavagem de dinheiro*[1] são pertinentes para nosso estudo:

Lavagem de dinheiro é o ato ou sequência de atos praticados para encobrir a natureza, a localização ou a propriedade de bens, direitos e valores de origem delituosa, com o objetivo de introduzi-las na economia com aparência lícita.

1 O método utilizado e batizado como *lavagem de dinheiro*, na história recente, nos remete à década de 1920, na plena atividade da máfia norte-americana, onde mafiosos investiram seu capital, este de origem ilícita, em lavanderias locais, a fim de dar origem lícita ao dinheiro oriundo de atividade criminosa. Esse ato de branqueamento de capital ficou conhecido como "*Money Laundry*", em menção à utilização das lavanderias como forma de macular a origem do capital (Ramos, 2019).

Lavagem de dinheiro ou branqueamento de capitais refere-se às práticas econômico-financeiras que têm por finalidade ocultar, esconder a origem de determinados ativos financeiros ou bens patrimoniais, fazendo seu branqueamento, isto é, dando-lhes fachada de dignidade, dificultando a demonstração de sua origem ilícita (Portocarrero; Ferreira, 2019).

Nesse sentido, lavagem de dinheiro, em termos gerais, é fazer com que bens e capitais adquiridos como produto de crime pareçam ter sido adquiridos legalmente.

Assim, a lavagem de dinheiro constitui um conjunto de operações comerciais ou financeiras que buscam a incorporação na economia de cada país dos recursos, bens e serviços que se originam ou estão ligados a atos ilícitos. De acordo com o Grupo de Ação Financeira Internacional (Gafi)[2], "lavagem de dinheiro e o processo que tem como objetivo disfarçar a origem criminosa dos proveitos de crime" (citado por Ramos, 2019, p. 3).

2 O Gafi – Groupe d'Action Financière (Grupo de Ação Financeira Internacional) – é um organismo intergovernamental que tem por objetivo conceber e promover, tanto em âmbito nacional quanto internacional, estratégias contra o branqueamento de capitais e o financiamento do terrorismo. Trata-se de um organismo de natureza multidisciplinar criado em 1989 com a finalidade de desenvolver uma estratégia global de prevenção e de combate ao branqueamento de capitais e, desde outubro de 2001, também contra o financiamento do terrorismo, sendo reconhecido internacionalmente como a entidade que define os padrões sobre essa matéria.

— 14.3 —

Bem jurídico tutelado

Na doutrina penal brasileira, encontram-se três correntes de pensamento sobre o bem jurídico tutelado pela norma penal: para a primeira corrente doutrinária, a lei tutela o mesmo bem jurídico da infração antecedente; para a segunda, o bem tutelado é o similar ao delito de favorecimento real (art. 349 do Código Penal) - delitos contra a administração da justiça; para a terceira corrente (a majoritária), o bem tutelado é a ordem econômico-financeira.

— 14.4 —

Crimes em espécie

A lavagem de dinheiro é crime que, em tese, pressupõe a prática de um delito antecedente. Entretanto, admite-se a lavagem de capitais como crime autônomo, ou seja, não se prescinde da averiguação ou processamento do delito anterior para sua imputação. O art. 1º da Lei n. 9.613/1998 assim dispõe:

> Art. 1º Ocultar ou dissimular a natureza, origem, localização, disposição, movimentação ou propriedade de bens, direitos ou valores provenientes, direta ou indiretamente, de infração penal.
>
> Pena: reclusão, de 3 (três) a 10 (dez) anos, e multa.

§ 1º Incorre na mesma pena quem, para ocultar ou dissimular a utilização de bens, direitos ou valores provenientes de infração penal:

I - os converte em ativos lícitos;

II - os adquire, recebe, troca, negocia, dá ou recebe em garantia, guarda, tem em depósito, movimenta ou transfere;

III - importa ou exporta bens com valores não correspondentes aos verdadeiros.

§ 2º Incorre, ainda, na mesma pena quem:

I - utiliza, na atividade econômica ou financeira, bens, direitos ou valores provenientes de infração penal;

II - participa de grupo, associação ou escritório tendo conhecimento de que sua atividade principal ou secundária é dirigida à prática de crimes previstos nesta Lei.

§ 3º A tentativa é punida nos termos do parágrafo único do art. 14 do Código Penal.

§ 4º A pena será aumentada de um a dois terços, se os crimes definidos nesta Lei forem cometidos de forma reiterada ou por intermédio de organização criminosa.

§ 5º A pena poderá ser reduzida de um a dois terços e ser cumprida em regime aberto ou semiaberto, facultando-se ao juiz deixar de aplicá-la ou substituí-la, a qualquer tempo, por pena restritiva de direitos, se o autor, coautor ou partícipe colaborar espontaneamente com as autoridades, prestando esclarecimentos que conduzam à apuração das infrações penais, à identificação dos autores, coautores e partícipes, ou à localização dos bens, direitos ou valores objeto do crime.

> § 6º Para a apuração do crime de que se trata este artigo, admite-se a utilização da ação controlada e da infiltração de agentes. (incluída pela Lei 13.964/2019 - pacote anticrime ou lei anticorrupção) (Brasil, 1998c)

O agente que pratica a lavagem de capitais não visa ao lucro, mas sim à dissimulação da origem ilícita dos valores oriundos de atividade delituosa. A lavagem de dinheiro não determina que seja admitido o delito apenas com valores em espécie. Os ativos podem ser caracterizados como bens, valores, direitos, obras de arte desde que oriundos de infração penal antecedente[3].

— 14.5 —

Sujeito ativo e sujeito passivo

Os delitos dispostos na Lei de Lavagem de Dinheiro são considerados crimes comuns, ou seja, é a categoria do delito que não exige uma qualidade especial do agente para seu cometimento. O sujeito ativo pode ser qualquer pessoa, e o sujeito passivo do delito, isto é, aquele que sofre a conduta típica, é a sociedade como um todo. A Lei n. 9.613/1998 pune, exclusivamente, pessoas físicas pelo crime de lavagem de capitais. A pessoa jurídica, nesse caso, está sujeita exclusivamente às punições administrativas, afastadas as sanções penais.

---

3 Sugerimos a leitura de: Callegari; Weber, 2014.

— 14.6 —

Fases da lavagem de dinheiro

O modelo idealizado pelo GAFI contra a lavagem de dinheiro e o financiamento do terrorismo serve como parâmetro válido para a averiguação dos passos concernentes ao delito do branqueamento de capitais (Ramos, 2019):

1. **Colocação (*placement*)**: consiste na colocação dos valores no sistema financeiro com o intuito de dificultar a identificação da origem dos valores e do delito antecedente. *Smurfing*: grande movimentação de valores em pequena quantidade.
2. **Dissumulação (*layering*)**: realização de diversas operações financeiras visando dificultar o rastreamento.
3. **Integração (*integration*)**: retorno de bens e valores ao sistema financeiro no próprio mercado ou no refinanciamento do delito.

Conforme aduzido no início do capítulo, a jurisprudência pacificou o entendimento quanto à condenação exclusiva pela lavagem de dinheiro independentemente da prática do delito antecedente:

Jurisprudência

DIREITO PENAL. **LAVAGEM DE DINHEIRO. ARTIGO 1º, I, C/C § 4º DA LEI 9.613/98.** CONDIÇÃO DA AÇÃO.

DELITO ANTECEDENTE. PENA-BASE NO MÍNIMO LEGAL. CIRCUNSTÂNCIAS JUDICIAIS NEUTRAS.

1. A anuência expressa do réu, que já havia sido extraditado para o Brasil, em ser processado pela justiça brasileira afasta alegação de ausência de condição da ação.

2. **Configura o delito de lavagem aquele que oculta e dissimula a origem de valores oriundos da prática de tráfico de drogas.**

3. A absolvição do acusado pelo delito antecedente com base no art. 386, V, do CPP não impede a sua condenação pelo delito de lavagem de dinheiro.

4. A fixação da pena-base acima do mínimo legal na hipótese de todas as circunstâncias judiciais serem consideradas neutras não encontra respaldo no ordenamento pátrio.

(TRF4, Acr - Apelação Criminal n. 5024827-27.2013.4.04.7100, Relator: Des. Leandro Paulsen, data de julgamento: 03/07/2018, data de publicação: 03/07/2018, 8ª Turma, grifo nosso)

Jurisprudência

Ementa: Direito Penal e Processual Penal. Senador da República. Denúncia. Corrupção Passiva. **Lavagem de Dinheiro**. Desmembramento. Recebimento da Denúncia.

[...]

III. 2. Quanto ao Crime de Lavagem de Dinheiro

12. **Consta dos autos indícios de lavagem de dinheiro por meio de (i) depósitos fracionados nas contas do Parlamentar, comprovados documentalmente; e (ii) recebimento de vantagem indevida na forma de doações eleitorais. Quanto a este último, de se ressaltar que configura a um só tempo indício do crime de corrupção passiva e de lavagem de dinheiro, na medida em que esses valores são apresentados na Prestação de Contas Eleitoral como de origem lícita, a indicar possível estratégia para conferir aparência de licitude ao dinheiro proveniente de infração penal.**

13. O recebimento da denúncia, como se sabe, não importa prejulgamento nem muito menos faz concluir pela culpabilidade do denunciado. Significa, tão somente, a plausabilidade da narrativa apresentada pelo Ministério Público e a necessidade de aprofundamento das investigações.

14. Desmembramento para figurar no polo passivo apenas o Senador. Denúncia recebida quanto aos crimes de corrupção passiva e de lavagem de dinheiro.

(STF, Inq n. 4.141/DF, Relator: Min. Roberto Barroso, data de julgamento: 11/12/2017, data de publicação: 22/02/2018, 1ª Turma, grifo nosso)

Jurisprudência

PENAL E PROCESSUAL PENAL. AÇÃO PENAL ORIGINÁRIA. EX-PREFEITO MUNICIPAL. ATUAL DEPUTADO FEDERAL. DENÚNCIA. ALEGAÇÃO DE NULIDADE DO LAUDO PERICIAL. IMPROCEDÊNCIA. NATUREZA DA PROVA DA MATERIALIDADE DOCUMENTAL E NÃO PERICIAL. AUSÊNCIA DEOPINIÃO TÉCNICA ESPECIALIZADA. PARCIAL EXTINÇÃO DA PUNIBILIDADE PELA PRESCRIÇÃO. CRIME DE LAVAGEM DE DINHEIRO. MODALIDADE OCULTAR. NATUREZA PERMANENTE DO CRIME RECONHECIDA. PRESCRIÇÃO QUE NÃO TERIA OCORRIDO AINDA QUE O CRIME FOSSE INSTANTÂNEO DE EFEITOSPERMANENTES. IMPROCEDÊNCIA DA ALEGAÇÃO DE RETROATIVIDADE "IN MALAM PARTEM" DA LEI PENAL. ATOS DE LAVAGEM PRATICADOS QUANDO JÁ ESTAVA EM VIGOR A LEI 9.613/98 A DESPEITO DE O CRIME ANTECEDENTE TER SIDO PRATICADO ANTERIORMENTE. MATERIALIDADE, AUTORIA, TIPICIDADE OBJETIVA E SUBJETIVA PROVADAS. CONDENAÇÃO DECRETADA.

[...]

3. **O crime de lavagem de bens, direitos ou valores, quando praticado na modalidade típica de "ocultar", é permanente, protraindo-se sua execução até que os objetos materiais do branqueamento se tornem conhecidos, razão pela qual o início da contagem do prazo prescricional tem por termo**

inicial o dia da cessação da permanência, nos termos do art. 111, III, do Código Penal.

4. No caso concreto, quanto ao quarto fato descrito na denúncia, a despeito da natureza permanente do crime, foram detectadas movimentações financeiras relativas aos valores ocultados até 03 de maio de 2006, o que afasta a alegação de prescrição ainda que a natureza do crime fosse instantânea de efeitos permanentes.

5. Embora não estivesse em vigor a Lei 9.613/98 quando o crime antecedente (corrupção passiva) foi praticado, os atos de lavagem ocorreram durante sua vigência, razão pela qual não há falar em retroatividade da lei penal em desfavor do réu. A Lei 9.613/98 aplica-se aos atos de lavagem praticados durante sua vigência, ainda que o crime antecedente tenha ocorrido antes de sua entrada em vigor.

6. Demonstrada a materialidade do crime antecedente de corrupção passiva, bem como a procedência dos valores lavados, além da materialidade, a autoria, a tipicidade objetiva e subjetiva do crime de lavagem de dinheiro, não havendo causas de exclusão da ilicitude e culpabilidade, a condenação é medida que se impõe.

(STF, Ap n. 863/SP, Relator: Min. Edson Fachin, data de julgamento: 22/05/2017, data de publicação: 28/08/2017. 1ª Turma, grifo nosso)

Jurisprudência

PENAL. OPERAÇÃO BEMOL. CRIMES CONTRA O SISTEMA FINANCEIRO NACIONAL. OPERAÇÃO IRREGULAR DE INSTITUIÇÃO FINANCEIRA. EVASÃO DE DIVISAS. LAVAGEM DE DINHEIRO. ORGANIZAÇÃO CRIMINOSA. PRELIMINARES. INÉPCIA DA DENÚNCIA. INTERCEPTAÇÕES TELEFÔNICAS. DILIGÊNCIAS PRELIMINARES. MATERIALIDADE. AUTORIA. DOLO. COMPROVAÇÃO. DOSIMETRIA DA PENA.

[...]

10. Comprovada a lavagem de dinheiro oriundo de delitos antecedentes praticados pelo réu e por terceiros, confirma-se a condenação às penas do artigo 1º da Lei nº 9.613, de 1996.

11. **Para a comprovação da materialidade do crime de lavagem de dinheiro basta a demonstração da existência de indícios do crime antecedente, pois não há dependência entre o julgamento do crime de lavagem de dinheiro e o da infração penal antecedente**.

12. O depósito em contas de terceiros para ocultar dinheiro proveniente do crime tem sido reconhecido como suficiente para a caracterização da lavagem de dinheiro.

13. O crime de lavagem de dinheiro admite dolo eventual.

14. Sendo o fato típico e não havendo excludentes de ilicitude e de culpabilidade, confirma-se a condenação dos réus

> pela prática dos crimes de evasão de divisas e de organização criminosa.
>
> [...]
>
> 20. O artigo 1º, § 4º, da Lei 9.613, de 1998, dispõe que "a pena será aumentada de um a dois terços, se os crimes definidos nesta Lei forem cometidos de forma reiterada ou por intermédio de organização criminosa", revela norma penal que visa punir com mais gravidade o crime de lavagem de dinheiro praticado de forma habitual, tanto que parte o aumento da fração de 1/3. Contudo, não são cumulativas a aplicação da causa de aumento da lavagem habitual e aplicação do artigo 71 do Código Penal, referente ao crime continuado, mas excludentes e sucessivas.
>
> (TRF4, Acr – Apelação Criminal n. 5017347-36.2015.4.04.7000, Relator: Des. Márcio Antônio Rocha, data de julgamento: 09/10/2017, data de publicação: 09/10/2017, 7ª Turma, grifo nosso)

Com a exposição e a análise da legislação, constatamos que seu intuito máximo quanto à criminalização da lavagem de dinheiro é a prevenção da incorporação no sistema econômico de bens e valores provenientes do delito.

Capítulo 15

Crimes previstos no Estatuto do Idoso

Para o legislador, a intenção principal do Estatuto do Idoso – Lei n. 10.741, de 1º de outubro de 2003 – é regular os direitos da pessoa idosa e definir crimes praticados contra aqueles tutelados por esse estatuto (Brasil, 2003b).

A Constituição Federal já contempla, em seu art. 230, a tutela dos idosos, apresentado sua proteção constitucional. O Estatuto do Idoso emerge no ordenamento jurídico como fonte específica da proteção – inclusive penal – daqueles considerados idosos.

— 15.1 —
Objetivo da lei

O Estatuto do Idoso é, no ordenamento jurídico brasileiro, "a norma que realiza de modo mais amplo a discriminação afirmativa, ou ação afirmativa, com o intuito de superar as desigualdades existentes entre os idosos, como grupo vulnerável, e o conjunto da sociedade" (Hathaway, 2015, p. 5).

Para o estudo da lei, impõe-se a verificação de alguns conceitos importantes:

- De acordo com o art. 1º da Lei n. 10.741/2003, idoso é a pessoa com idade igual ou superior a 60 anos.
- Vulnerabilidade do idoso enquanto vítima de crimes: precedente do STJ no HC n. 417.150/SE.
- O homicídio pode ser qualificado em razão de a pessoa ser idosa, o que redunda em aumento de pena, conforme o art. 121, § 7º, do Código Penal (alterado pela Lei n. 13.771/2018 – Brasil. 2018b).

De acordo com o art. 2º do Estatuto do Idoso, "O idoso goza de todos os direitos fundamentais inerentes à pessoa humana, sem prejuízo da proteção integral de que trata esta Lei", garantindo-lhe "todas as oportunidades e facilidades, para preservação de sua saúde física e mental e seu aperfeiçoamento moral, intelectual, espiritual e social, em condições de liberdade e dignidade" (Brasil, 2003b).

— 15.2 — Crimes em espécie

Os crimes contra os idosos são tratados no Título VI do Estatuto do Idoso. Entre os delitos dispostos na Lei n. 10.741/2003, destacam-se os seguintes:

> Art. 96. Discriminar pessoa idosa, impedindo ou dificultando seu acesso a operações bancárias, aos meios de transporte, ao direito de contratar ou por qualquer outro meio ou instrumento necessário ao exercício da cidadania, por motivo de idade:
>
> Pena - reclusão de 6 (seis) meses a 1 (um) ano e multa.
>
> § 1º Na mesma pena incorre quem desdenhar, humilhar, menosprezar ou discriminar pessoa idosa, por qualquer motivo.
>
> § 2º A pena será aumentada de 1/3 (um terço) se a vítima se encontrar sob os cuidados ou responsabilidade do agente. (Brasil, 2003b)

O delito previsto no art. 96 dispõe da conduta do agente de discriminar pessoa idosa, impedindo ou dificultando seu acesso a operações bancárias, aos meios de transporte, ao direito de contratar ou por qualquer outro meio ou instrumento necessário ao exercício da cidadania, por motivo de idade.

A vontade legislativa com esse tipo penal foi conferir isonomia de tratamento aos idosos, garantindo o amplo acesso e evitando a discriminação em relação à pessoa idosa.

> Art. 97. Deixar de prestar assistência ao idoso, quando possível fazê-lo sem risco pessoal, em situação de iminente perigo, ou recusar, retardar ou dificultar sua assistência à saúde, sem justa causa, ou não pedir, nesses casos, o socorro de autoridade pública:
>
> Pena – detenção de 6 (seis) meses a 1 (um) ano e multa.
>
> Parágrafo único. A pena é aumentada de metade, se da omissão resulta lesão corporal de natureza grave, e triplicada, se resulta a morte. (Brasil, 2003b)

O delito do art. 97 prevê o dolo específico, isto é, a vontade livre e consicente de deixar de prestar assistência ao idoso, quando possível fazê-lo sem risco pessoal. Se o agente não pedir socorro às autoridades públicas, incorrerá em crime de omissão de socorro ao idoso.

— 15.3 —
Sujeito ativo e sujeito passivo

Os delitos dispostos no Estatuto do Idoso são considerados crimes comuns, ou seja, é a categoria do delito que não exige uma qualidade especial do agente para seu cometimento. O sujeito ativo pode ser qualquer pessoa, e o sujeito passivo do delito, isto é, aquele que sofre a conduta típica, é o idoso, conforme prevê o art. 1º da Lei n. 10.741/2003.

Atenção para as exceções!

Os artigos do Estatuto do Idoso a seguir indicam crimes próprios:

- Art. 98: o tipo penal dirige-se àqueles que tenham a tutela ou guarda, ou que esse dever decorra de lei (sentença) em relação à pessoa idosa.
- Art. 100, I: o crime apenas pode ser praticado por aquele que tem o poder de impedir o acesso de alguém a cargos públicos.
- Arts. 101, 103, 104 e 108: exigem condição especial para o sujeito ativo.

O art. 100 do Estatuto do Idoso prevê as seguintes condutas típicas:

> Art. 100. Constitui crime punível com reclusão de 6 (seis) meses a 1 (um) ano e multa:

> I – obstar o acesso de alguém a qualquer cargo público por motivo de idade;
>
> II – negar a alguém, por motivo de idade, emprego ou trabalho;
>
> III – recusar, retardar ou dificultar atendimento ou deixar de prestar assistência à saúde, sem justa causa, a pessoa idosa;
>
> IV – deixar de cumprir, retardar ou frustrar, sem justo motivo, a execução de ordem judicial expedida na ação civil a que alude esta Lei;
>
> V – recusar, retardar ou omitir dados técnicos indispensáveis à propositura da ação civil objeto desta Lei, quando requisitados pelo Ministério Público. (Brasil, 2003b)

Esse artigo ainda tipifica condutas discriminatórias contra as pessoas com mais de 60 anos de idade, tutelando a proteção do idoso. O termo *alguém*, disposto nos incisos do art. 100, deve ser interpretado como "o idoso".

Importante também atentar para o teor do art. 102 da Lei n. 10.741/2003:

> Art. 102. Apropriar-se de ou desviar bens, proventos, pensão ou qualquer outro rendimento do idoso, dando-lhes aplicação diversa da de sua finalidade:
>
> Pena – reclusão de 1 (um) a 4 (quatro) anos e multa. (Brasil, 2003b)

O legislador previu a conduta criminosa quando o agente se apropria (toma para si) ou desvia (promove destinação diversa) de bens (móveis ou imóveis), proventos, pensão, benefícios e remunerações de pessoa idosa, dando-lhe destinação diversa de sua finalidade inicial. A doutrina e a jurisprudência têm concebido o art. artigo 102 do Estatuto do Idoso como *apropriação indébita contra idoso.*

Jurisprudência

RECURSO EM HABEAS CORPUS. CRIME DE APROPRIAÇÃO INDÉBITA MAJORADA (ART. 168, § 1º, III, DO CP). INÉPCIA DA DENÚNCIA. FATOS ADEQUADAMENTE NARRADOS. DESCRIÇÃO SUFICIENTE DA CONDUTA DELITUOSA. ATENDIMENTO AOS REQUISITOS LEGAIS. EXERCÍCIO DA AMPLA DEFESA. POSSIBILIDADE. ALTERAÇÃO DA CAPITULAÇÃO JURÍDICA CONTIDA NA DENÚNCIA ANTES DA SENTENÇA. EXCEPCIONALIDADE. REFLEXOS JURÍDICOS IMEDIATOS. POSSIBILIDADE DE BENEFÍCIO IMEDIATO À DEFESA. DESNECESSIDADE DE REVOLVIMENTO FÁTICO-PROBATÓRIO. **DENÚNCIA QUE NARRA CONDUTA DELITUOSA QUE SE ENQUADRARIA NA ESTRUTURA TÍPICA DO DELITO PREVISTO NO ART. 102 DA LEI N. 10.741/2003 (ESTATUTO DO IDOSO). CIRCUNSTÂNCIA ELEMENTAR DO TIPO PENAL-CRIME CONTRA O IDOSO-COMPROVADA NA DENÚNCIA. VÍTIMA COM 71 ANOS À ÉPOCA DOS FATOS.** FLAGRANTE ILEGALIDADE. NOVA DEFINIÇÃO JURÍDICA. TESE DE SUSPENSÃO CONDICIONAL DO PROCESSO PREJUDICADA.

ANÁLISE A SER FEITA PELO JUÍZO SINGULAR, À LUZ DA NOVA CLASSIFICAÇÃO.

[...]

2. In casu, a peça inaugural explicita que o recorrente, na condição de procurador judicial da vítima Ary Klemz (com 71 anos de idade à época dos fatos), na data de 11 de julho de 2005, durante horário comercial, na agência da Cooperativa de Crédito Rural Sudeste Paraná, município e comarca de Lapa/PR , apropriou-se de coisa alheia móvel da qual tinha a posse em razão de sua profissão, por meio de transferência bancária, do montante de R$ 30.000,00 (trinta mil reais), com a finalidade de que o denunciado quitasse parcelamento de dívida que possuía junto ao Banco do Brasil, não repassando os valores ao Banco credor conforme acordado com ofendido, então seu cliente, de forma que permaneceu subsistindo a dívida em desfavor da vítima.

[...]

5. **Denúncia que narra circunstância elementar do tipo do delito de apropriação indébita prevista no art. 102 da Lei n. 10.741/2003 (Estatuto do Idoso), qual seja, crime contra idoso (a vítima contava com 71 anos de idade à época dos fatos)-norma especial em relação ao Código Penal -, revelando-se manifestamente inadequado, portanto, o enquadramento da conduta descrita na denúncia como sendo o do art. 168, § 1º, III, do Código Penal.**

6. Elemento constitutivo do tipo penal-idade da vítima-posta na própria denúncia, sendo desnecessário qualquer revolvimento fático-probatório para sua subsunção.

(STJ, RHC n. 72.016/PR, Relator: Min. Sebastião Reis Júnior, data de julgamento: 15/02/2017, data de publicação: 01/03/2017, 6ª Turma, grifo nosso)

Jurisprudência

AGRAVO REGIMENTAL NO AGRAVO EM RECURSO ESPECIAL. **APROPRIAÇÃO INDÉBITA CONTRA IDOSO. AMEAÇA.** CONDENAÇÃO DO AGRAVANTE POR FATOS DEVIDAMENTE DESCRITOS NA PEÇA ACUSATÓRIA. PRINCÍPIO DA CORRELAÇÃO ENTRE A SENTENÇA E A DENÚNCIA. INEXISTÊNCIA DE VIOLAÇÃO.

[...]

2. No caso dos autos, a Corte de origem em momento algum alterou o contexto fático descrito na denúncia para condenar o agravante pelo crime de ameaça, tendo apenas reproduzido as minúcias das declarações prestadas pelas testemunhas na fase inquisitorial, demonstrando que o acusado ameaçava com palavras a mãe idosa, razão pela qual esta se sentia intimidada, circunstância que afasta a ocorrência de violação ao princípio da congruência.

Para a caracterização do crime de apropriação indébita, previsto art. 102 da Lei n. 10.741/03, é dispensável a especificação dos valores desviados, tendo em vista que não

> **integra as elementares do tipo penal.** Agravo regimental a que se nega provimento.
>
> (STJ, Agrg no Aresp n. 915.796/SP, Relator: Min. Jorge Mussi, data de julgamento: 02/05/2018, data de publicação: 10/05/2018, 5ª Turma, grifo nosso)

O Estatuto do Idoso se apresenta como a forma para a proteção dos direitos e das garantias fundamentais desses cidadãos, justificando a atração da tutela penal conforme os tipos penais explicitados.

Capítulo 16

Crimes previstos no Estatuto do Desarmamento

O Estatuto do Desarmamento (Lei n. 10.826, de 22 de dezembro de 2003) foi a resposta legislativa diante da verificação do aumento da criminalidade e da crescente utilização de armamento de fogo no cometimento de delitos. Dessa forma, o legislador trouxe para a ingerência penal delitos que se amoldam com o porte e a posse de armas de fogo em desacordo com tal legislação.

— 16.1 —
Objetivo da lei

Ao criminalizar determinadas condutas, o Estatuto do Desarmamento teve como objetivo promover a imposição de regras mais rigorosas para aquisição de armas de fogo, reduzindo as hipóteses de permissão de porte de armas.

Os conceitos relativos à arma de fogo e a acessório constam no Anexo III do Decreto n. 10.030, de 22 de setembro de 2019. Vejamos:

> **Acessório de arma de fogo**: artefato que, acoplado a uma arma, possibilita a melhoria do desempenho do atirador, a modificação de um efeito secundário do tiro ou a modificação do aspecto visual da arma.
>
> **Arma de fogo automática**: arma em que o carregamento, o disparo e todas as operações de funcionamento ocorrem continuamente enquanto o gatilho estiver sendo acionado.

> **Arma de fogo de repetição**: arma em que a recarga exige a ação mecânica do atirador sobre um componente para a continuidade do tiro.
>
> **Arma de fogo semiautomática:** arma que realiza, automaticamente, todas as operações de funcionamento com exceção do disparo, exigindo, para isso, novo acionamento do gatilho.
>
> **Arma de fogo**: arma que arremessa projéteis empregando a força expansiva dos gases, gerados pela combustão de um propelente confinado em uma câmara, normalmente solidária a um cano, que tem a função de dar continuidade à combustão do propelente, além de direção e estabilidade ao projétil. (Brasil, 2019b)

As definições de arma de uso permitido, de arma de uso restrito e de arma de uso proibido estão tipificadas no art. 2º do Decreto n. 9.847/2019:

> Art. 2º Para fins do disposto neste Decreto, considera-se:
>
> **I – arma de fogo de uso permitido** – as armas de fogo semiautomáticas ou de repetição que sejam:
>
> a) de porte, cujo calibre nominal, com a utilização de munição comum, não atinja, na saída do cano de prova, energia cinética superior a mil e duzentas libras-pé ou mil seiscentos e vinte joules;
>
> b) portáteis de alma lisa; ou
>
> c) portáteis de alma raiada, cujo calibre nominal, com a utilização de munição comum, não atinja, na saída do cano de prova,

> energia cinética superior a mil e duzentas libras-pé ou mil seiscentos e vinte joules;
>
> **II - arma de fogo de uso restrito** - as armas de fogo automáticas e as semiautomáticas ou de repetição que sejam:
>
> a) não portáteis;
>
> b) de porte, cujo calibre nominal, com a utilização de munição comum, atinja, na saída do cano de prova, energia cinética superior a mil e duzentas libras-pé ou mil seiscentos e vinte joules; ou
>
> c) portáteis de alma raiada, cujo calibre nominal, com a utilização de munição comum, atinja, na saída do cano de prova, energia cinética superior a mil e duzentas libras-pé ou mil seiscentos e vinte joules;
>
> **III - arma de fogo de uso proibido**:
>
> a) as armas de fogo classificadas de uso proibido em acordos e tratados internacionais dos quais a República Federativa do Brasil seja signatária; ou
>
> b) as armas de fogo dissimuladas, com aparência de objetos inofensivos. (Brasil, 2019a, grifo nosso)

As armas brancas não são abrangidas pelo Estatuto do Desarmamento, nem as espingardas de chumbinho e as armas de pressão, as quais também não são consideradas armas de fogo para efeitos do art. 2° do Decreto n. 9.847/2019. Entretanto, as réplicas e os simulacros têm sua produção proibida em território brasileiro:

> § 1º Fica proibida a produção de réplicas e simulacros que possam ser confundidos com arma de fogo, nos termos do disposto no art. 26 da Lei nº 10.826, de 2003, que não sejam classificados como arma de pressão nem destinados à instrução, ao adestramento, ou à coleção de usuário autorizado. (Brasil, 2019a)

O conceito de posse refere-se a manter a arma guardada no interior de residência ou dependência desta, ao passo que o conceito de porte pressupõe que o agente traga consigo a arma fora de sua residência ou das dependências desta.

Jurisprudência

PENAL E PROCESSUAL PENAL. HABEAS CORPUS. PORTE ILEGAL DE ARMA DE FOGO. PRAZO PARA A REGULARIZAÇÃO DA ARMA. ARTIGOS 30, 31 E 32, DO ESTATUTO DO DESARMAMENTO. PRAZO REFERENTE ÀS HIPÓTESES DE POSSE DE ARMA DE FOGO. DESCLASSIFICAÇÃO DE PORTE ILEGAL DE ARMA DE FOGO PARA POSSE IRREGULAR DE ARMA DE FOGO. ALEGAÇÃO QUE ENSEJA REEXAME DE PROVA. IMPOSSIBILIDADE PELA VIA ESTREITA DO WRIT.

I – Não se pode confundir posse irregular de arma de fogo com o porte ilegal de arma de fogo. Com o advento do Estatuto do Desarmamento, tais condutas restaram bem delineadas. A posse consiste em manter no interior de

> residência (ou dependência desta) ou no local de trabalho a arma de fogo. O porte, por sua vez, pressupõe que a arma de fogo esteja fora da residência ou local de trabalho.
>
> (STJ, HC n. 143.323/RJ, Relator: Min. Felix Fischer, data de julgamento: 29/10/2009, data de publicação: 07/12/2009, 5ª Turma)

A jurisiprudência citada aclarou o conceito a respeito de "posse" e "porte" para fins das condutas previstas no Estatuto do Desarmamento.

— 16.2 —
Crimes em espécie

O art. 12 da Lei n. 10.826/2003 prevê o delito de posse irregular de arma de fogo de uso permitido:

> Art. 12. Possuir ou manter sob sua guarda arma de fogo, acessório ou munição, de uso permitido, em desacordo com determinação legal ou regulamentar, no interior de sua residência ou dependência desta, ou, ainda no seu local de trabalho, desde que seja o titular ou o responsável legal do estabelecimento ou empresa:
>
> Pena - detenção, de 1 (um) a 3 (três) anos, e multa. (Brasil, 2003c)

Esse delito se subsume quando a arma é mantida em posse do agente em sua casa ou em local de trabalho em desacordo com a determinação legal. A lei determina que todos os proprietários de arma de fogo tenham cadastro no Sistema Nacional de Armas (Sinarm), órgão da Polícia Federal, conforme disposto no art. 2º, inciso II, do Estatuto do Desarmamento.

A seguir, exemplificamos a divergência jurisprudencial quanto ao art. 12.

Jurisprudência

DIREITO PENAL. TIPICIDADE DA CONDUTA DE POSSE ILEGAL DE ARMA DE FOGO DE USO PERMITIDO COM REGISTRO VENCIDO.

A conduta do agente de possuir, no interior de sua residência, armas de fogo e munições de uso permitido com os respectivos registros vencidos pode configurar o crime previsto no art. 12 do Lei 10.826/2003 (Estatuto do Desarmamento).

(STJ, RHC n. 60.611/DF, Relator: Min. Rogerio Schietti Cruz, data da publicação: 24/06/2015, grifo nosso)

Jurisprudência

DIREITO PENAL. GUARDA DE ARMA DE FOGO DE USO PERMITIDO COM REGISTRO VENCIDO.

Manter sob guarda, no interior de sua residência, arma de fogo de uso permitido com registro vencido não configura o crime do art. 12 da Lei 10.826/2003 (Estatuto do Desarmamento).

(STJ, AP n. 686/AP, Relator: Min. João Otávio de Noronha, data de julgamento: 21/10/2015, data de publicação: 29/10/2015, grifo nosso)

O porte ilegal de arma de fogo de uso permitido é tratado no art. 14 da Lei n. 10.826/2003:

> Art. 14. Portar, deter, adquirir, fornecer, receber, ter em depósito, transportar, ceder, ainda que gratuitamente, emprestar, remeter, empregar, manter sob guarda ou ocultar arma de fogo, acessório ou munição, de uso permitido, sem autorização e em desacordo com determinação legal ou regulamentar:
>
> Pena – reclusão, de 2 (dois) a 4 (quatro) anos, e multa.
>
> Parágrafo único. O crime previsto neste artigo é inafiançável, salvo quando a arma de fogo estiver registrada em nome do agente. (Brasil, 2003c)

Realiza a conduta típica o agente que pratica o disposto no tipo objetivo do delito, ou seja, porta, detém, adquire, fornece, recebe, tem em depósito, tranporta, cede, ainda que gratuitamente, empresta, remete, emprega, mantém sob guarda ou oculta arma de fogo, acessório ou munição, de uso permitido. Sobre o parágrafo único do art. 14, o Supremo Tribunal Federal (STF) pacificou o entendimento sobre o tema na Adin n. 3112:

> relativamente aos parágrafos únicos dos artigos 14 e 15 da Lei 10.826/2003, que proíbem o estabelecimento de fiança, respectivamente, para os crimes de porte ilegal de arma de fogo de uso permitido e de disparo de arma de fogo, considerou-se desarrazoada a vedação, ao fundamento de que tais delitos não poderiam ser equiparados a terrorismo, prática de tortura, tráfico ilícito de entorpecentes ou crimes hediondos (CF, art. 5º, XLIII). Asseverou-se, ademais, cuidar-se, na verdade, de crimes de mera conduta que, embora impliquem redução no nível de segurança coletiva, não podem ser igualados aos crimes que acarretam lesão ou ameaça de lesão à vida ou à propriedade. (Brasil, 2007b)

Jurisprudência

POSSE E PORTE ILEGAL DE ARMAS DE FOGO E MUNIÇÕES DE USO PERMITIDO. AUSÊNCIA DE CERTIFICADO FEDERAL. DELEGADO DE POLÍCIA CIVIL. IRRELEVÂNCIA. CONDUTA TÍPICA.

[...]

2. É típica e antijurídica a conduta de policial civil que, mesmo autorizado a portar ou possuir arma de fogo, não observa as imposições legais previstas no Estatuto do Desarmamento, que impõem registro das armas no órgão competente. (Brasil, 2017)

(STJ, RHC n. 70.141/RJ, Relator: Min. Rogerio Schietti Cruz, data de julgamento: 07/02/2017, data de publicação: 16/02/2017)

Jurisprudência

Não está caracterizado o crime de porte ilegal de arma de fogo quando o instrumento apreendido sequer pode ser enquadrado no conceito técnico de arma de fogo, por estar quebrado e, de acordo com laudo pericial, totalmente inapto para realizar disparos. De fato, tem-se como típica a conduta de portar arma de fogo sem autorização ou em desconformidade com determinação legal ou regulamentar, por se tratar de delito de perigo abstrato, cujo bem jurídico protegido é a incolumidade pública, independentemente da existência de qualquer resultado naturalístico. Nesse passo, a classificação do crime de porte ilegal de arma de fogo como de perigo abstrato traz, em seu arcabouço teórico, a presunção, pelo próprio tipo penal, da probabilidade de vir a ocorrer algum dano pelo mau uso da arma. Com isso, flagrado o agente portando um objeto eleito como arma de fogo, temos um fato provado – o porte do instrumento – e o nascimento de duas presunções, quais sejam, de que o objeto é de fato arma de fogo, bem como tem potencial lesivo. No entanto, verificado por perícia que o estado atual do objeto apreendido não viabiliza sequer a sua inclusão no conceito técnico de arma de fogo, pois quebrado e, consequentemente, inapto para realização de disparo, não há como caracterizar o fato como crime de porte ilegal de arma de fogo. Nesse caso, tem-se, indubitavelmente, o rompimento da ligação lógica entre o fato provado e as mencionadas presunções.

(STJ, AgRg no AREsp n. 397.473/DF, Relator: Min. Marco Aurélio Bellizze, data de julgamento: 19/08/2014)

O art. 16 da Lei n. 10.826/2003 aborda a posse ou porte ilegal de arma de fogo de uso restrito:

> Art. 16. Possuir, deter, portar, adquirir, fornecer, receber, ter em depósito, transportar, ceder, ainda que gratuitamente, emprestar, remeter, empregar, manter sob sua guarda ou ocultar arma de fogo, acessório ou munição de uso proibido ou restrito, sem autorização e em desacordo com determinação legal ou regulamentar:
>
> Pena – reclusão, de 3 (três) a 6 (seis) anos, e multa.

> § 1º Nas mesmas penas incorre quem:
>
> I - suprimir ou alterar marca, numeração ou qualquer sinal de identificação de arma de fogo ou artefato;
>
> II - modificar as características de arma de fogo, de forma a torná-la equivalente a arma de fogo de uso proibido ou restrito ou para fins de dificultar ou de qualquer modo induzir a erro autoridade policial, perito ou juiz;
>
> III - possuir, detiver, fabricar ou empregar artefato explosivo ou incendiário, sem autorização ou em desacordo com determinação legal ou regulamentar;
>
> IV - portar, possuir, adquirir, transportar ou fornecer arma de fogo com numeração, marca ou qualquer outro sinal de identificação raspado, suprimido ou adulterado;
>
> V - vender, entregar ou fornecer, ainda que gratuitamente, arma de fogo, acessório, munição ou explosivo a criança ou adolescente; e
>
> VI - produzir, recarregar ou reciclar, sem autorização legal, ou adulterar, de qualquer forma, munição ou explosivo.
>
> § 2º Se as condutas descritas no caput e no § 1º envolverem arma de fogo de uso proibido, a pena é de reclusão, de 4 (quatro) a 12 (doze) anos. (Incluído pela Lei 13.964, de 24 de dezembro de 2019) (Brasil, 2003c)

O delito do art. 16 tem as mesmas disposições dos arts. 12 e 14, entretanto, neste caso, o objeto material da reprovação é a munição, a arma ou o acessório ser de uso restrito ou proibido. A Lei n. 13.497, de 26 de outubro de 2017, passou a considerar **hediondo** o crime descrito no art. 16 (Brasil, 2017a).

— 16.3 —

Bem jurídico tutelado

Os bens jurídicos tutelados pelo Estatuto do Desarmamento é a segurança e a incolumidade públicas.

— 16.4 —

Sujeito ativo e sujeito passivo

Os delitos dispostos no Estatuto do Desarmamento são considerados crimes comuns, ou seja, é a categoria do delito que não exige uma qualidade especial do agente para seu cometimento. O sujeito ativo pode se apresentar como qualquer pessoa, e o sujeito passivo do delito, isto é, aquele que sofre a conduta típica, é, de forma ampla, a sociedade como um todo.

Jurisprudência

DIREITO PENAL. AGRAVO REGIMENTAL NO RECURSO ESPECIAL. ART. 16 DA LEI N. 10.826/2003. **PORTE DE MUNIÇÃO DE ARMA DE FOGO DE USO RESTRITO. CRIME DE PERIGO ABSTRATO. PRINCÍPIO DA INSIGNIFICÂNCIA. APLICAÇÃO. POSSIBILIDADE.** AGRAVO DESPROVIDO.

1. O porte irregular de munição de arma de fogo de uso restrito configura o delito de perigo abstrato capitulado no

art. 16 da Lei n. 10.826/03 (Estatuto do Desarmamento), sendo dispensável a demonstração de efetiva situação de risco ao bem jurídico tutelado.

2. Todavia, o Supremo Tribunal Federal - HC 132.876/DF, Relator Min. RICARDO LEWANDOWSKI, Segunda Turma, DJe 2/6/2017; HC 133.984/MG, Relatora Min. CÁRMEN LÚCIA, Segunda Turma, DJe 2/6/2016 -, a Quinta e Sexta Turma desta Corte Superior - REsp 1.699.710/MS, Rel. Ministra MARIA THEREZA DE ASSIS MOURA, DJe 13/11/2017 - **vem admitindo a aplicação do princípio da insignificância nos casos de porte ou posse de pequena quantidade de munições, desde que desacompanhada de arma. 3. Na hipótese, houve a apreensão de 2 projéteis, calibre 40, a autorizar a aplicação do referido princípio.** Agravo interno desprovido.

(STJ, Agrg no Resp n. 1.733.440/SP, Relator: Min. Joel Ilan Paciornik, data de julgamento: 16/05/2018, data de publicação: 31/05/2018, 5ª Turma, grifo nosso)

Jurisprudência

HABEAS CORPUS. POSSE ILEGAL DE ARMA DE FOGO COM NUMERAÇÃO SUPRIMIDA CRIME DO ART. 16, PARÁGRAFO ÚNICO, IV, DA LEI N. 10.826/2003. DELITO AUTÔNOMO. ORDEM DENEGADA.

1. O delito de porte de arma com numeração raspada, suprimida o adulterada constitui crime autônomo. Seu objeto jurídico está n proteção da incolumidade pública, de forma que o preceito secundário a ser aplicado é o previsto no próprio art. 16, parágrafo único, IV do Estatuto do Desarmamento.

2. Ordem denegada.

(STJ, HC n. 276.897/RS, Relator: Min. Rogerio Schietti Cruz, data de julgamento: 07/08/2017, data de publicação: 15/08/2017. 6ª Turma, grifo nosso)

Com a análise da lei, resta claro que a intenção do legislador foi desarmar a população, apresentando uma série de regramentos mais rigorosos para a posse e o porte de armamento de fogo, bem como sua aquisição. Ainda que a legislação imponha restrições para a compra desses dispositivos, a possibilidade de aquisição de armas de fogo ainda existe.

Capítulo 17

Crimes de violência doméstica e familiar contra a mulher (Lei Maria da Penha)

A Lei n. 11.340, de 7 de agosto de 2006 (Brasil, 2006a), foi batizada em referência a Maria da Penha Maia Fernandes, uma mulher que, por vários anos, foi vítima de violência no seio familiar, bem como sofreu duas tentativas de homicídio praticadas pelo seu marido. Dessa violência, resultou seu estado de paraplegia, que perdura até os dias atuais.

— 17.1 — Objetivo da lei

O legislador visou, pela tutela da lei, à criação de mecanismos que têm o objetivo de coibir a violência doméstica e familiar contra a mulher. Essa vontade está expressa no art. 1º da Lei n. 11.340/2006:

> Art. 1º Esta Lei cria mecanismos para coibir e prevenir a violência doméstica e familiar contra a mulher, nos termos do § 8º do art. 226 da Constituição Federal, da Convenção sobre a Eliminação de Todas as Formas de Violência contra a Mulher, da Convenção Interamericana para Prevenir, Punir e Erradicar a Violência contra a Mulher e de outros tratados internacionais ratificados pela República Federativa do Brasil; dispõe sobre a criação dos Juizados de Violência Doméstica e Familiar contra a Mulher; e estabelece medidas de assistência e proteção às mulheres em situação de violência doméstica e familiar. (Brasil, 2006a)

A lei confere às mulheres tratamento especial e diferenciado, especialmente àquelas que se encontram vulneráveis à violência doméstica.

— 17.2 —
Conceito de violência na Lei Maria da Penha

No caso da Lei Maria da Penha, a interpretação de violência é mais abrangente que o conceito disposto no Código Penal. Sob a tutela da legislação penal inerente à defesa das mulheres, o conceito de violência abarca os seguintes termos, consoante disposição do art. 7º: violências física, moral, sexual e psicológica.

> Art. 7º São formas de violência doméstica e familiar contra a mulher, entre outras:
>
> I - a violência física, entendida como qualquer conduta que ofenda sua integridade ou saúde corporal;
>
> II - a violência psicológica, entendida como qualquer conduta que lhe cause dano emocional e diminuição da auto-estima ou que lhe prejudique e perturbe o pleno desenvolvimento ou que vise degradar ou controlar suas ações, comportamentos, crenças e decisões, mediante ameaça, constrangimento, humilhação, manipulação, isolamento, vigilância constante, perseguição contumaz, insulto, chantagem, ridicularização, exploração e limitação do direito de ir e vir ou qualquer outro meio que lhe cause prejuízo à saúde psicológica e à autodeterminação;

> II – a violência psicológica, entendida como qualquer conduta que lhe cause dano emocional e diminuição da autoestima ou que lhe prejudique e perturbe o pleno desenvolvimento ou que vise degradar ou controlar suas ações, comportamentos, crenças e decisões, mediante ameaça, constrangimento, humilhação, manipulação, isolamento, vigilância constante, perseguição contumaz, insulto, chantagem, violação de sua intimidade, ridicularização, exploração e limitação do direito de ir e vir ou qualquer outro meio que lhe cause prejuízo à saúde psicológica e à autodeterminação;
>
> III – a violência sexual, entendida como qualquer conduta que a constranja a presenciar, a manter ou a participar de relação sexual não desejada, mediante intimidação, ameaça, coação ou uso da força; que a induza a comercializar ou a utilizar, de qualquer modo, a sua sexualidade, que a impeça de usar qualquer método contraceptivo ou que a force ao matrimônio, à gravidez, ao aborto ou à prostituição, mediante coação, chantagem, suborno ou manipulação; ou que limite ou anule o exercício de seus direitos sexuais e reprodutivos;
>
> IV – a violência patrimonial, entendida como qualquer conduta que configure retenção, subtração, destruição parcial ou total de seus objetos, instrumentos de trabalho, documentos pessoais, bens, valores e direitos ou recursos econômicos, incluindo os destinados a satisfazer suas necessidades;
>
> V – a violência moral, entendida como qualquer conduta que configure calúnia, difamação ou injúria. (Brasil, 2006a)

O legislador atentou para estabelecer uma definição clara acerca da violência doméstica, com a objetividade necessária conferida ao tipo penal em comento. Tem-se conceituação própria, que não se confunde com os termos do Código Penal, havendo a amplitude do conceito.

— 17.3 — Hipóteses de incidência da Lei Maria da Penha

As hipóteses de incidência da Lei Maria da Penha são objeto de discussão recorrente na doutrina pátria, entretanto encontram os limites e as amplitudes de acordo com a jurisprudência. Vejamos:

- vínculo familiar;
- vínculo afetivo;
- em razão do local (domicílio).

O art. 5º da Lei n. 11.340/2006 dispõe o seguinte:

> Art. 5º Para os efeitos desta Lei, configura violência doméstica e familiar contra a mulher qualquer ação ou omissão baseada no gênero que lhe cause morte, lesão, sofrimento físico, sexual ou psicológico e dano moral ou patrimonial:
>
> I - no âmbito da unidade doméstica, compreendida como o espaço de convívio permanente de pessoas, com ou sem vínculo familiar, inclusive as esporadicamente agregadas;
>
> II - no âmbito da família, compreendida como a comunidade formada por indivíduos que são ou se consideram aparentados,

> unidos por laços naturais, por afinidade ou por vontade expressa;
>
> III – em qualquer relação íntima de afeto, na qual o agressor conviva ou tenha convivido com a ofendida, independentemente de coabitação.
>
> Parágrafo único. As relações pessoais enunciadas neste artigo independem de orientação sexual. (Brasil, 2006a)

A Súmula n. 600 Superior Tribunal de Justiça (STJ) atesta que não há necessidade de que o autor coabite com a vítima:

> Súmula 600 – Para a configuração da violência doméstica e familiar prevista no artigo 5° da Lei n. 11.340/2006 (Lei Maria da Penha) não se exige a coabitação entre autor e vítima. (Brasil, 2017o)

Vejamos, a seguir, como a jurisprudência resolveu o fato relacionado à violência doméstica entre irmãos:

Jurisprudência

Lei Maria da Penha. Crime de Ameaça Entre Irmãos.

A Turma, cassando o acórdão recorrido, deu provimento ao recurso para estabelecer a competência de uma das varas do Juizado de Violência Doméstica e Familiar contra a Mulher para examinar processo em que se apura a prática do crime de ameaça. **Na hipótese, o recorrido foi ao apartamento da sua irmã, com vontade livre e consciente, fazendo várias ameaças de causar-lhe mal injusto e grave, além de ter provocado danos materiais em seu carro, causando-lhe sofrimento psicológico e dano moral e patrimonial, no intuito de forçá-la a abrir mão do controle da pensão que a mãe de ambos recebe.** Para os integrantes da Turma, a relação existente entre o sujeito ativo e o passivo deve ser analisada em face do caso concreto, para verificar a aplicação da Lei Maria da Penha, tendo o recorrido se valido de sua autoridade de irmão da vítima para subjugar a sua irmã, com o fim de obter para si o controle do dinheiro da pensão, sendo desnecessário configurar a coabitação entre eles. Precedentes citados: CC 102.832-MG, DJe 22/4/2009, e HC 115.857-MG, DJe 2/2/2009.

(STJ, REsp n. 1.239.850/DF, Relatora: Min. Laurita Vaz, data de julgamento: 16/02/2012, grifo nosso)

Ainda, confira o entendimento sobre fatos típicos envolvendo namorado e ex-namorado:

Jurisprudência

LESÕES CORPORAIS PRATICADAS COM VIOLÊNCIA DOMÉSTICA E FAMILIAR POR NAMORADO CONTRA

NAMORADA. LEI MARIA DA PENHA. INCIDÊNCIA. DESNECESSIDADE DE COABITAÇÃO. EXISTÊNCIA DE RELAÇÃO DE INTIMIDADE E AFETO ENTRE AGRESSOR E VÍTIMA. NECESSIDADE DE REVOLVIMENTO DE MATÉRIA FÁTICO-PROBATÓRIA PARA A DESCONSTITUIÇÃO DE TAL ENTENDIMENTO. IMPOSSIBILIDADE NA VIA ELEITA. CONSTRANGIMENTO ILEGAL NÃO EVIDENCIADO.

1. **Nos termos do artigo 5º, inciso III, da Lei 11.340/2006, é perfeitamente possível a prática de violência doméstica e familiar nas relações entre namorados, ainda que não tenham coabitado, exigindo-se, contudo, que os fatos tenham sido praticados em razão da relação de intimidade e afeto existente entre o agressor e a vítima.** Precedentes.
2. Na hipótese dos autos, tanto o magistrado de origem quanto a autoridade apontada como coatora consignaram que o paciente teria agredido a vítima em razão do relacionamento amoroso que mantiveram por aproximadamente um ano, e que teria se revelado sério e duradouro, circunstância que permite a aplicação da Lei 11.340/2006.
3. A desconstituição de tal entendimento demandaria revolvimento de matéria fático-probatória, providência que é vedada na via eleita.

(STJ, HC n. 357.885/SP, Relator: Min. Jorge Mussi, data de julgamento: 23/08/2016, data de publicação: 31/08/2016, 5ª Turma, grifo nosso)

Sobre a incidência da Lei Maria da Penha nas relações extraconjugais, vejamos:

Jurisprudência

RECURSO EM HABEAS CORPUS. LESÃO CORPORAL. LEI MARIA DA PENHA. QUALIFICADORA PREVISTA NO § 9º DO ART. 129 DO CP. PRETENDIDA EXCLUSÃO. IMPOSSIBILIDADE. RECURSO NÃO PROVIDO.

1. A análise acerca da pretendida exclusão da qualificadora prevista no § 9º do art. 129 do Código Penal não implica antecipação do juízo de mérito que, após apreciação de todo o conjunto fático-probatório amealhado aos autos, caberá ao juiz de primeiro grau, que concluirá pela condenação ou pela absolvição do agente. Isso porque, para decidir pela competência de um ou de outro juízo, precisa-se, necessariamente, analisar, de forma objetiva, a possibilidade de incidência da qualificadora em questão no caso sub examine.

2. **No âmbito do Direito Penal, o simples fato de a infração penal ser perpetrada no âmbito de relações extraconjugais não pode ensejar o afastamento da Lei Maria da Penha. Na verdade, o diploma legal deve ser interpretado ante os fins sociais a que se destina, considerando-se, principalmente, as condições peculiares das mulheres em situação de violência doméstica e familiar, conforme se depreende do art. 4º da Lei n. 11.340/2006.**

> 3. Para a incidência da Lei Maria da Penha, basta a comprovação de que a violência contra a mulher tenha sido exercida no âmbito da unidade doméstica, da família ou de qualquer relação íntima de afeto, na qual o agressor conviva ou tenha convivido com a ofendida, hipóteses que devem ser analisadas caso a caso.
>
> 4. Não há provas inequívocas nos autos acerca do momento em que autor e vítima mantiveram relação doméstica, familiar ou mesmo afetiva, de modo que não há como afastar a contemporaneidade entre tal relação e a prática ilícita relatada.
>
> 5. Visto que que o habeas corpus não admite o revolvimento de matéria fático-probatória e que o feito ainda está em fase de instrução, não há como ilidir, pela via eleita, a alegação de que o delito de lesão corporal em tese praticado pelo recorrente não se amolda aos requisitos exigidos pela Lei n. 11.340/2006 e que, consequentemente, seria competente o Juizado Especial para o processamento e o julgamento do feito.
>
> 6. Recurso em habeas corpus não provido.
>
> (STJ, RHC n. 43.927/RS, Relator: Min. Rogerio Schietti Cruz, data de julgamento: 28/04/2015, data de publicação: 07/05/2015, 6ª Turma, grifo nosso)

Na análise detida na jurisprudência, torna-se possível a imputação da violência doméstica mormente às relações extraconjugais e à desnecessidade do casamento na acepção jurídica, isto é, com o devido contrato de casamento firmado entre as partes.

— 17.4 —

Sujeito ativo e sujeito passivo

Os delitos dispostos na Lei Maria da Penha são considerados crimes comuns, ou seja, é a categoria do delito que não exige uma qualidade especial do agente para seu cometimento. O sujeito ativo pode ser qualquer pessoa (homem ou mulher), e o sujeito passivo do delito, isto é, aquele que sofre a conduta típica, sempre deverá ser uma mulher.

Sobre o sujeito ativo, que pode ser qualquer pessoa (homem ou mulher), temos a jurisprudência a seguir:

Jurisprudência

HABEAS CORPUS. IMPETRAÇÃO ORIGINÁRIA. SUBSTITUIÇÃO AO RECURSO ORDINÁRIO CABÍVEL. IMPOSSIBILIDADE. RESPEITO AO SISTEMA RECURSAL PREVISTO NA CARTA MAGNA. NÃO CONHECIMENTO. 1. CRIME DE AMEAÇA. LEI MARIA DA PENA. INCIDÊNCIA. RELAÇÃO FAMILIAR ENTRE FILHAS E A GENITORA. VULNERABILIDADE ATESTADA PELAS INSTÂNCIAS DE ORIGEM. NECESSIDADE DE REVOLVIMENTO DE MATÉRIA FÁTICO-PROBATÓRIA PARA A DESCONSTITUIÇÃO DE TAL ENTENDIMENTO. IMPOSSIBILIDADE NA VIA ELEITA. CONSTRANGIMENTO ILEGAL NÃO EVIDENCIADO. WRIT NÃO CONHECIDO. 1. **Nos termos do artigo 5º, inciso III, da**

Lei 11.340/2006, é possível a caracterização de violência doméstica e familiar nas relações entre filhas e mãe, desde que os fatos tenham sido praticados em razão da relação de intimidade e afeto existente. 2. Na hipótese dos autos, tanto o magistrado de origem quanto a autoridade apontada como coatora consignaram a existência da relação de vulnerabilidade a que estava sendo submetida a mãe em relação às filhas agressoras, circunstância que justifica a incidência da Lei Maria da Penha.

(STJ, HC n. 277.561/AL, Relator: Min. Jorge Mussi, data de julgamento: 06/11/2014, data de publicação: 13/11/2014, 5ª Turma, grifo nosso)

Com essa análise, inferimos que é possível que o sujeito ativo da violência doméstica seja qualquer pessoa, entretanto, o sujeito passivo do delito (a vítima da violência) deve sempre ser mulher.

— 17.5 —

Medidas protetivas na Lei Maria da Penha

As medidas protetivas previstas na Lei Maria da Penha têm natureza jurídica de medidas cautelares inominadas, sujeitas à presença das exigências de cunho cautelar, sendo o *periculum libertatis* e o *fumus comissi delicti*, ou seja, a prova da materialidade, os indícios de autoria e o perigo na demora da prestação jurisdicional. A jurispriudência impõe a amplitude do tema, como exemplo a possibilidade de decretação da medida de urgência com base na palavra da vítima.

Jurisprudência

RECURSO EM HABEAS CORPUS. **LEI MARIA DA PENHA. MEDIDAS PROTETIVAS DE URGÊNCIA. FUNDAMENTAÇÃO. PALAVRA DA VÍTIMA. POSSIBILIDADE**. PRECEDENTES.

1. Em se tratando de casos de violência doméstica em âmbito familiar contra a mulher, a palavra da vítima ganha especial relevo para o deferimento de medida protetiva de urgência, porquanto tais delitos são praticados, em regra, na esfera da convivência íntima e em situação de vulnerabilidade, sem que sejam presenciados por outras pessoas.

2. No caso, verifica-se que as medidas impostas foram somente para manter o dito agressor afastado da ofendida, de seus familiares e de eventuais testemunhas, restringindo apenas em menor grau a sua liberdade.

3. Estando em conflito, de um lado, a preservação da integridade física da vítima e, de outro, a liberdade irrestrita do suposto ofensor, atende aos mandamentos da proporcionalidade e razoabilidade a decisão que restringe moderadamente o direito de ir e vir do último.

> 4. Recurso em habeas corpus improvido.
>
> (STJ, RHC n. 34.035/AL, Relator: Min. Sebastião Reis Júnior, data de julgamento: 05/11/2013, data de publicação: 25/11/2013, 6ª Turma, grifo nosso)

Assim, visando à melhor tutela da mulher vítima de delitos relativos à violência doméstica, admite-se a decretação das medidas restritivas com base nos relatos verbais da mulher, não havendo a necessidade de outras provas no momento do ato se houver o convencimento livre do magistrado para a decretação.

— 17.6 —

Crime de descumprimento de medidas protetivas de urgência

O delito de descumprimento de medidas protetivas de urgência foi introduzido no ordenamento jurídico-penal por meio da Lei n. 13.641, de 3 de abril de 2018:

> Art. 24-A. Descumprir decisão judicial que defere medidas protetivas de urgência previstas nesta Lei:
>
> Pena - detenção, de 3 (três) meses a 2 (dois) anos.
>
> § 1º A configuração do crime independe da competência civil ou criminal do juiz que deferiu as medidas.

§ 2º Na hipótese de prisão em flagrante, apenas a autoridade judicial poderá conceder fiança.

§ 3º O disposto neste artigo não exclui a aplicação de outras sanções cabíveis. (Brasil, 2018a)

Jurisprudência

PENAL. AGRAVO REGIMENTAL NO AGRAVO EM RECURSO ESPECIAL. VIOLÊNCIA DOMÉSTICA. DESCUMPRIMENTO DE MEDIDAS PROTETIVAS. CRIME DE DESOBEDIÊNCIA. ATIPICIDADE. PRECEDENTES DO STJ. ART. 24-A DA LEI 11.340/06. NOVATIO LEGIS IN PEJUS. IRRETROATIVIDADE. AGRAVO IMPROVIDO.

1. A jurisprudência do Superior Tribunal de Justiça firmou-se no sentido de que o descumprimento de medidas protetivas impostas nos termos a Lei 11.340/06 não configura o delito do art. 359 do Código Penal.

2. Em se tratando de novatio legis in pejus, cuja irretroatividade se impõe, conforme os arts. 5º, XL, da CF e 1º do CP, não incide o art. 24-A da Lei Maria da Penha aos fatos anteriores à publicação da Lei 13.641/18, que criou tipo penal específico para a conduta de desobedecer decisões judiciais que impõem medidas protetivas. 3. Agravo regimental improvido.

(STJ, Agrg no Aresp n. 1.216.126/MG, Relator: Min. Nefi Cordeiro, data de julgamento: 20/08/2018, data de publicação: 02/09/2018, 6ª Turma)

Jurisprudência

Prisão preventiva. Condenação por ameaças no âmbito doméstico. Regime aberto.

1 – A medida cautelar de prisão deve ser adequada ao regime estabelecido pela sentença condenatória, pena de se impor ao paciente regime mais gravoso.

2 – Fixado o regime prisional aberto, o descumprimento das medidas protetivas de urgência estabelecidas não autoriza a prisão cautelar do paciente. **O descumprimento dessas pode caracterizar o crime do art. 24 da Lei da Maria da Penha, ensejando nova ação penal, e não prisão preventiva nos próprios autos em que ocorreu a condenação.**

3 – Ordem concedida.

(TJDFT, Acórdão n. 0720718-78.2018.8.07.0000, Relator: Des. Jair Soares, data de julgamento: 05/12/2018, data de publicação: 10/12/2018, 2ª Turma Criminal, grifo nosso)

Com a verificação do aumento do número de casos de descumprimento das medidas protetivas dispostas na lei, restou ao legislador tipificar a conduta.

Capítulo 18

Crimes previstos na Lei de Entorpecentes

Com a Lei n. 11.343, de 23 de agosto de 2006 (Lei de Entorpecentes), o legislador delimitou conceitos importantes para a imputação, tais como o porte e a posse para cosumo pessoal, separando-o do delito mais gravoso, que é o tráfico de entorpecentes (Brasil, 2006b).

— 18.1 —
Exposição da lei

O art. 1º da Lei n. 11.343/2006 expõe a vontade do legislador de instituir a repressão aos delitos inerentes às substâncias entorpecentes:

> Art. 1º Esta Lei institui o Sistema Nacional de Políticas Públicas sobre Drogas – Sisnad; prescreve medidas para prevenção do uso indevido, atenção e reinserção social de usuários e dependentes de drogas; estabelece normas para repressão à produção não autorizada e ao tráfico ilícito de drogas e define crimes.
>
> Parágrafo único. Para fins desta Lei, consideram-se como drogas as substâncias ou os produtos capazes de causar dependência, assim especificados em lei ou relacionados em listas atualizadas periodicamente pelo Poder Executivo da União. (Brasil, 2006b)

De acordo com a Lei de Entorpecentes, drogas são substâncias ou produtos capazes de causar dependência, especificados em lei ou em listas atualizadas pelo Poder Executivo (Brasil, 2006b). As substâncias entorpecentes são definidas na Portaria da Anvisa n. 344, de 12 de maio de 1998: *Lista* E – *cannabis sativa*, *Lista* F – *cocaína e heroína, etc.* (Brasil, 1998d).

— 18.2 —

Bem jurídico tutelado

O objeto jurídico dos crimes definidos na Lei de Entorpecentes é a saúde pública, que recebeu *status* constitucional a partir do instante em que foi taxada como direito social e como direito do cidadão e dever do Estado. Não se trata da saúde individual, mas da saúde de toda a coletividade[1].

— 18.3 —

Crimes em espécie

Os crimes previstos na Lei de Entorpecentes, em suma, são divididos entre o porte para o consumo pessoal e o tráfico de entorpecentes.

O delito de porte de substância entorpecente para consumo pessoal está previsto em seu art. 28:

> Art. 28. Quem adquirir, guardar, tiver em depósito, transportar ou trouxer consigo, para consumo pessoal, drogas sem autorização ou em desacordo com determinação legal ou regulamentar será submetido às seguintes penas:

---

1 A esse respeito, sugerimos a leitura de: Carvalho, 2016.

I – advertência sobre os efeitos das drogas;

II – prestação de serviços à comunidade;

III – medida educativa de comparecimento a programa ou curso educativo.

§ 1º Às mesmas medidas submete-se quem, para seu consumo pessoal, semeia, cultiva ou colhe plantas destinadas à preparação de pequena quantidade de substância ou produto capaz de causar dependência física ou psíquica.

§ 2º Para determinar se a droga destinava-se a consumo pessoal, o juiz atenderá à natureza e à quantidade da substância apreendida, ao local e às condições em que se desenvolveu a ação, às circunstâncias sociais e pessoais, bem como à conduta e aos antecedentes do agente.

§ 3º As penas previstas nos incisos II e III do caput deste artigo serão aplicadas pelo prazo máximo de 5 (cinco) meses.

§ 4º Em caso de reincidência, as penas previstas nos incisos II e III do caput deste artigo serão aplicadas pelo prazo máximo de 10 (dez) meses.

§ 5º A prestação de serviços à comunidade será cumprida em programas comunitários, entidades educacionais ou assistenciais, hospitais, estabelecimentos congêneres, públicos ou privados sem fins lucrativos, que se ocupem, preferencialmente, da prevenção do consumo ou da recuperação de usuários e dependentes de drogas.

§ 6º Para garantia do cumprimento das medidas educativas a que se refere o caput, nos incisos I, II e III, a que injustificadamente se recuse o agente, poderá o juiz submetê-lo, sucessivamente a:

> I - admoestação verbal;
>
> II - multa.
>
> § 7º O juiz determinará ao Poder Público que coloque à disposição do infrator, gratuitamente, estabelecimento de saúde, preferencialmente ambulatorial, para tratamento especializado. (Brasil, 2006b)

Núcleo do tipo penal: cinco condutas (adquirir, guardar, ter em depósito, transportar ou trazer consigo). Elementares do tipo penal: para consumo pessoal - a ser determinado conforme comando do parágrafo 2º do art. 28 da Lei n. 11.343/2006. Sistema adotado no Brasil: análise do caso concreto pela autoridade policial.

Modelo para determinação de alcance do tipo penal do art. 28, parágrafo 2º:

- natureza e quantidade;
- local e condições da ação;
- circusntâncias sociais e pessoais;
- conduta e antecedentes do agente.

As consequências jurídicas previstas na Lei de Entorpecentes para o cometimento do delito de porte de entorpecentes para uso pessoal são as seguintes penalidades:

- **Advertência**: esclarecimento que deve ser feito pelo juiz quanto às consequências maléficas causadas pelo uso de drogas.

- **Prestação de serviços comunitários**: a prioridade recai sobre entidades que se dedicarem prioritariamente à prevenção do consumo de drogas.
- **Medida educativa**: comparecimento em programa ou curso educativo. O programa não precisa ter como tema exclusivo os malefícios causados pelo uso de drogas, sob pena de se confundir com a pena de advertência.

Como expõe o art. 20, trata-se de crime de menor potencial ofensivo: a competência para processamento e julgamento será do Juizado Especial Criminal (conforme a Lei n. 9.009/1995).

Jurisprudência

DIREITO PENAL. **INAPLICABILIDADE DO PRINCÍPIO DA INSIGNIFICÂNCIA AO CRIME DE PORTE DE SUBSTÂNCIA ENTORPECENTE PARA CONSUMO PRÓPRIO.**

Não é possível afastar a tipicidade material do porte de substância entorpecente para consumo próprio com base no princípio da insignificância, ainda que ínfima a quantidade de droga apreendida. A despeito da subsunção formal de determinada conduta humana a um tipo penal, é possível se vislumbrar atipicidade material da referida conduta, por diversos motivos, entre os quais a ausência de ofensividade penal do comportamento em análise. Isso porque, além da adequação típica formal, deve haver uma atuação seletiva, subsidiária e fragmentária do Direito Penal, conferindo-se maior relevância à proteção de valores tidos como indispensáveis à ordem social, a exemplo da vida, da liberdade, da propriedade, do patrimônio, quando efetivamente ofendidos. A par disso, frise-se que o porte ilegal de drogas é crime de perigo abstrato ou presumido, visto que prescinde da comprovação da existência de situação que tenha colocado em risco o bem jurídico tutelado. Assim, para a caracterização do delito descrito no art. 28 da Lei 11.343/2006, não se faz necessária a ocorrência de efetiva lesão ao bem jurídico protegido, bastando a realização da conduta proibida para que se presuma o perigo ao bem tutelado. Isso porque, ao adquirir droga para seu consumo, o usuário realimenta o comércio ilícito, contribuindo para difusão dos tóxicos. Ademais, após certo tempo e grau de consumo, o usuário de drogas precisa de maiores quantidades para atingir o mesmo efeito obtido quando do início do consumo, gerando, assim, uma compulsão quase incontrolável pela próxima dose. Nesse passo, não há como negar que o usuário de drogas, ao buscar alimentar o seu vício, acaba estimulando diretamente o comércio ilegal de drogas e, com ele, todos os outros crimes relacionados ao narcotráfico: homicídio, roubo, corrupção, tráfico de armas etc. O consumo de drogas ilícitas é proibido não apenas pelo mal que a substância faz ao usuário, mas, também, pelo perigo que o consumidor dessas gera à sociedade. Essa ilação é corroborada pelo expressivo número de relatos de crimes envolvendo violência ou grave ameaça contra pessoa, associados aos efeitos do consumo de drogas ou à obtenção de recursos ilícitos para a aquisição de mais substância entorpecente. Portanto, o objeto jurídico tutelado pela norma em comento é a saúde pública, e não apenas a saúde do usuário, visto que sua conduta atinge não somente a sua esfera pessoal, mas toda a coletividade, diante da potencialidade ofensiva do delito de porte de entorpecentes. Além disso, a reduzida quantidade de drogas integra a própria essência do crime de porte de substância entorpecente para consumo próprio, visto que, do contrário, poder-se-ia estar diante da hipótese do delito de tráfico de drogas, previsto no art. 33 da Lei 11.343/2006. Vale dizer, o tipo previsto no art. 28 da Lei 11.343/2006 esgota-se, simplesmente, no fato de o agente trazer consigo, para uso próprio, qualquer substância entorpecente que possa causar dependência, sendo, por isso mesmo, irrelevante que a quantidade de drogas não produza, concretamente, danos ao bem jurídico tutelado. Por fim, não se pode olvidar que o legislador, ao editar a Lei 11.343/2006, optou por abrandar as sanções cominadas ao usuário de drogas, afastando a possibilidade de aplicação de penas privativas de liberdade e prevendo somente as sanções de advertência, de prestação de serviços à comunidade e de medida educativa de comparecimento a programa ou curso educativo, conforme os incisos do art. 28 do referido diploma legal, a fim de possibilitar a sua recuperação. Dessa maneira, a intenção do legislador foi a de impor ao usuário medidas de caráter educativo, objetivando, assim, alertá-lo sobre o risco de sua conduta para a sua saúde, além de evitar a reiteração do delito. Nesse contexto, em razão da política criminal adotada pela Lei 11.343/2006, há de se reconhecer a tipicidade material do porte de substância entorpecente para consumo próprio, ainda que ínfima a quantidade de droga apreendida.

Precedentes citados: HC 158.955-RS, Quinta Turma, DJe 30/5/2011; e RHC 34.466-DF, Sexta Turma, DJe 27/5/2013.

(STJ, RHC n. 35.920DF, Relator: Min. Rogerio Schietti Cruz, data de julgamento: 20/05/2014, data de publicação: 29/05/2014, 6ª Turma, grifo nosso)

Jurisprudência

APELAÇÃO CRIMINAL. **TRÁFICO DE ENTORPECENTES. MACONHA. CONSUMO PESSOAL. CRITÉRIOS DE AVALIAÇÃO PELO JUIZ. DÚVIDA RAZOÁVEL QUANTO AO INTUITO COMERCIAL. DESCLASSIFICAÇÃO PARA O TIPO PENAL PREVISTO NO ART. 28 DA LEI Nº 11.343/2006. POSSIBILIDADE.** COMPETÊNCIA. JUIZADO ESPECIAL CRIMINAL DA JUSTIÇA ESTADUAL.

1. A teor do § 2º do art. 28 da Lei nº 11.343/2006, "para determinar se a droga destinava-se a consumo pessoal, o juiz atenderá à natureza e à quantidade da substância apreendida, ao local e às condições em que se desenvolveu a ação, às circunstâncias sociais e pessoais, bem como à conduta e aos antecedentes do agente".

2. **A quantidade de droga apreendida com o réu, em conjunto com as demais circunstâncias do caso concreto, demontram ser verossímil que sua pretensão fosse o**

consumo pessoal, impondo-se a desclassificação da conduta para o tipo penal do art. 28 da Lei nº 11.343/2006.

3. Competência do Juizado Especial Criminal da Justiça Estadual para processamento e julgamento da ação criminal.

4. Apelação criminal parcialmente provida.

(TRF4, Acr - Apelação Criminal n. 5003238-66.2015.4.04.7210, Relator: Des. João Pedro Gebran Neto, data de julgamento: 01/05/2018, data de publicação: 01/05/2018, 8ª Turma, grifo nosso)

O art. 33 trata do delito de tráfico de substância entorpecente:

> Art. 33. Importar, exportar, remeter, preparar, produzir, fabricar, adquirir, vender, expor à venda, oferecer, ter em depósito, transportar, trazer consigo, guardar, prescrever, ministrar, entregar a consumo ou fornecer drogas, ainda que gratuitamente, sem autorização ou em desacordo com determinação legal ou regulamentar:
>
> Pena - reclusão de 5 (cinco) a 15 (quinze) anos e pagamento de 500 (quinhentos) a 1.500 (mil e quinhentos) dias-multa.
>
> § 1º Nas mesmas penas incorre quem:
>
> I - importa, exporta, remete, produz, fabrica, adquire, vende, expõe à venda, oferece, fornece, tem em depósito, transporta, traz consigo ou guarda, ainda que gratuitamente, sem

autorização ou em desacordo com determinação legal ou regulamentar, matéria-prima, insumo ou produto químico destinado à preparação de drogas;

II - semeia, cultiva ou faz a colheita, sem autorização ou em desacordo com determinação legal ou regulamentar, de plantas que se constituam em matéria-prima para a preparação de drogas;

III - utiliza local ou bem de qualquer natureza de que tem a propriedade, posse, administração, guarda ou vigilância, ou consente que outrem dele se utilize, ainda que gratuitamente, sem autorização ou em desacordo com determinação legal ou regulamentar, para o tráfico ilícito de drogas.

IV - vende ou entrega drogas ou matéria-prima, insumo ou produto químico destinado à preparação de drogas, sem autorização ou em desacordo com a determinação legal ou regulamentar, a agente policial disfarçado, quando presentes elementos probatórios razoáveis de conduta criminal preexistente. (Incluído pela Lei 13.964, de 24 de dezembro de 2019)

§ 2° Induzir, instigar ou auxiliar alguém ao uso indevido de droga:

Pena - detenção, de 1 (um) a 3 (três) anos, e multa de 100 (cem) a 300 (trezentos) dias-multa.

§ 3° Oferecer droga, eventualmente e sem objetivo de lucro, a pessoa de seu relacionamento, para juntos a consumirem:

Pena - detenção, de 6 (seis) meses a 1 (um) ano, e pagamento de 700 (setecentos) a 1.500 (mil e quinhentos) dias-multa, sem prejuízo das penas previstas no art. 28.

> § 4º Nos delitos definidos no caput e no § 1º deste artigo, as penas poderão ser reduzidas de um sexto a dois terços, vedada a conversão em penas restritivas de direitos, desde que o agente seja primário, de bons antecedentes, não se dedique às atividades criminosas nem integre organização criminosa. (Brasil, 2006b)

Núcleo do tipo penal: 18 condutas (importar, exportar, remeter, preparar, produzir, adiquirir, fabricar, vender, expor à venda, oferecer, ter em depósito, transportar ou trouxer consigo, guardar, prescrever, ministrar, entregar a consumo ou fornecer drogas). Elementares do tipo penal: sem autorização ou em desacordo com a determinação legal. Para caracterização do crime de tráfico de drogas, não se faz necessário a plena demonstração do intuito da obtenção de lucro por parte do agente.

O inciso II do art. 33 é uma figura penal autônoma em relação às disposições do *caput*. Portanto, nada obsta que ao agente seja imputado o delito de tráfico de entorpecentes quando do atendimento à figura típica disposta. De igual modo, caso a finalidade seja o consumo pessoal, atende-se, portanto, ao disposto no art. 28, parágrafo 1º, da Lei n. 11.343/2006.

O inciso III do art. 33 cuida da conduta típica da utilização ou do consentimento para o uso para que outrem utilize o local ou o bem, ainda que sem qualquer contraprestação, para o tráfico ilícito de drogas. Se a cessão ou a permissão para utilização do local for para o consumo de substâncias ilícitas, haverá a atração do art. 28 da lei em análise.

Atenção

O crime do art. 33, *caput*, é equiparado a crime hediondo.

A Lei n. 13.964/2019, conhecida como *Pacote Anticorrupção* ou *Pacote Anticrime*, promoveu alteracão na Lei de Execuções Penais em seu art.o 112, parágrafo 5º, passando a corroborar o entendimento pacificado dos tribunais superiores acerca da não incidência da hediondez no art. 33, parágrafo 4º, no tocante ao cumprimento de pena:

> § 5º Não se considera hediondo ou equiparado, para os fins deste artigo, o crime de tráfico de drogas previsto no § 4º do art. 33 da Lei nº 11.343, de 23 de agosto de 2006. (Brasil, 2019d)

A doutrina delimitou o termo *tráfico priviliegiado* para definir o parágrafo 4º:

> § 4º Nos delitos definidos no caput e no § 1º deste artigo, as penas poderão ser reduzidas de um sexto a dois terços, vedada a conversão em penas restritivas de direitos, desde que o agente seja primário, de bons antecedentes, não se dedique às atividades criminosas nem integre organização criminosa. (Brasil, 2019d)

Conforme o art. 33, parágrafo 4º, haverá a causa de diminuição de pena de 1/6 a 2/3[2] a ser verificada na dosimetria consoante a sentença condenatória.

— 18.4 —

Sujeito ativo e sujeito passivo

Os delitos dispostos na Lei de Entorpecentes são considerados crimes comuns, ou seja, é a categoria do delito que não exige uma qualidade especial do agente para seu cometimento. O sujeito ativo pode ser qualquer pessoa, e o sujeito passivo do delito, isto é, aquele que sofre a conduta típica, é, de forma ampla, a sociedade como um todo.

Sobre a necessidade de a substância ser prevista no regulamento da Agência Nacional da Vigilância Sanitária (Anvisa), Portaria n. 344/1998, para a caracterização como "entorpecente", vejamos:

Jurisprudência

DIREITO PENAL. IMPORTAÇÃO DE SUPLEMENTOS ALIMENTARES VEDADOS EM TERRITÓRIO NACIONAL. CAPITULAÇÃO JURÍDICA CONTRABANDO.

2 A esse respeito, sugerimos a leitura de: Masson; Marçal, 2019.

MEDICAMENTOS CONTENDO SUBSTÂNCIAS ENTORPECENTES E/OU PSICOTRÓPICAS. ADEQUAÇÃO TÍPICA. ARTIGO 33 DA LEI 11.343/06. PRESTAÇÃO PECUNIÁRIA. REDUÇÃO. COMPENSAÇÃO COM FIANÇA.

1. Suplementos alimentares não se enquadram no conceito de produto de fins terapêuticos ou medicinais, cosmético ou saneante, razão pela qual inaplicável o art. 273 do CP.

2. **Hipótese concreta em que os produtos igualmente não se encontram nas listas anexas à Portaria nº 344, de 12/05/1998 editada pela ANVISA. Tal circunstância afasta a tipicidade da conduta sob a perspectiva do art. 33 da Lei 11.343/06 (tráfico de entorpecentes), porquanto se trata de norma penal em branco complementada pelo mencionado ato administrativo.**

3. Tratando-se de suplementos alimentares cuja introdução em território nacional é vedada pela ANVISA, a conduta de importá-los de maneira irregular conforma crime de contrabando.

4. A importação de item em cuja composição encontre-se substância contida em uma das listas da Portaria nº 344/98 da SVS/MS deve ser considerada como tráfico de drogas. Precedentes.

5. Demonstradas materialidade e autoria deve ser mantida a condenação da apelante apenas pelo crime de contrabando, sem aplicação de concurso formal por ausência de apelo ministerial.

6. Descabida a redução do valor da pena substitutiva de prestação pecuniária quando não há prova da incapacidade

financeira e o valor já depositado pelo réu para pagamento de fiança aponta para possibilidade de adimplir com a obrigação, inclusive mediante compensação (art. 366 do CPP).

(TRF4, Acr - Apelação Criminal n. 5000174-45.2015.4.04.7017, Relator: Des. Leandro Paulsen, data de julgamento: 13/03/2018, data de publicação: 13/03/2018, 8ª Turma, grifo nosso)

Assim entende a jurisprudência sobre a importação de sementes de *cannabis*:

Jurisprudência

PENAL. PROCESSUAL PENAL. IMPORTAÇÃO DE SEMENTES DE CANNABIS SATIVA LINNEU. DENÚNCIA COM ENQUADRAMENTO LEGAL NO ART. 33, § 1º, I, DA LEI 11.343/06. DESCLASSIFICAÇÃO PARA O TIPO PENAL INSCRITO NO ART. 28. DECLINAÇÃO DA COMPETÊNCIA. INADEQUAÇÃO. NECESSIDADE DE DILAÇÃO PROBATÓRIA. JUSTA CAUSA PRESENTE. RECEBIMENTO DA DENÚNCIA.

1. Em se tratando de importação de sementes de planta que pode originar substância entorpecente e/ou psicotrópica,

aplicável ao caso, em princípio, a Lei de Drogas - Lei 11.343/06, por especial.

2. Podendo as sementes apreendidas originar a planta Cannabis sativa L., a qual consta da Lista E-plantas proscritas-da Portaria 344/98 da Anvisa, inquestionável sua adequação à elementar "matéria-prima", amoldando-se a conduta imputada, em análise preliminar, ao tipo penal inserto no inciso I do § 1º do art. 33 da Lei 11.343/06, consoante entendimento do STJ.

3. Neste momento processual, não há elementos bastantes para afastar a possível destinação das sementes importadas à produção e traficância de drogas, o que somente a instrução criminal poderá definir, descabendo, de consequência, discutir, nesta fase, sobre eventual desclassificação da conduta para o tipo penal do art. 28, caput e § 1º, da Lei 11.343/06. 4. Havendo prova da materialidade e indícios suficientes de autoria, a denúncia deve ser recebida, determinando-se o retorno à origem para o regular processamento da ação penal.

(TRF4, Recurso Criminal em Sentido Estrito n. 5053128-22.2015.4.04.7000, Relator: Des. Nivaldo Brunoni, data de julgamento: 06/08/2018, data de publicação: 06/08/2018, 7ª Turma)

Com relação ao transporte e à venda de *ecstasy*, confira:

Jurisprudência

PENAL. TRÁFICO INTERNACIONAL DE ENTORPECENTES. ART. 33 DA LEI Nº 11.343/2006. DESCLASSIFICAÇÃO PARA O ART. 334 DO CÓDIGO PENAL. IMPOSSIBILIDADE. PRINCÍPIO DA ESPECIALIDADE. PRESENÇA DO PRINCÍPIO ATIVO NAS LISTAS DA PORTARIA MS/SVS Nº. 344/1998. TIPICIDADE, MATERIALIDADE E AUTORIA VERIFICADAS. ERRO DE TIPO. NÃO OCORRÊNCIA. DOSIMETRIA. NATUREZA DA DROGA. CIRCUNSTÂNCIA DESFAVORÁVEL. MINORANTE DO ARTIGO 33, § 4º, DA LEI DE TÓXICOS. APLICAÇÃO NO PATAMAR MÍNIMO.

1. **Comete o crime de tráfico de drogas, tipificado no art. 33 da Lei nº 11.343/2006, o agente que importa e traz consigo comprimidos contendo princípios ativos descritos nas listas da Portaria MS/SVS nº. 344/1998 e atualizações da ANVISA, com base no art. 66 da mesma lei, não se exigindo a demonstração de capacidade de a substância causar dependência física ou psíquica. Inviável, portanto, a desclassificação para o crime de contrabando, tendo em vista o princípio da especialidade.**

2. Autoria, materialidade e dolo demonstrados nos autos.

3. Para a configuração do erro de tipo, é necessário que o agente tenha uma falsa percepção da realidade, o que não ocorreu no caso dos autos.

4. A natureza do entorpecente apreendido, cujos potentes efeitos alucinógenos foram atestados pelos peritos,

constitui circunstância desfavorável, justificando o aumento da pena-base.

5. A causa de diminuição do art. 33, §4º, da Lei nº 11.343/06, deve ser aplicada em seu patamar mínimo, tendo em vista o meio engenhoso e profissional utilizado pelo acusado para transportar a droga, que evidencia a elevada culpabilidade.

6. A pena de multa deve observar a proporcionalidade em face da menor pena corporal prevista e a maior sanção corporal possível.

7. Não preenchido o requisito do art. 44, I, do Código Penal, inviável a substituição da pena privativa de liberdade por penas restritivas de direitos.

8. Apelo do réu desprovido e apelo do Ministério Público provido.

(TRF4, Acr – Apelação Criminal n. 5013925-52.2012.4.04.7002, Relator: Des. João Pedro Gebran Neto, data de julgamento: 25/08/2015, data de publicação: 25/08/2015, 8ª Turma, grifo nosso)

O tratamento penal relativo às substâncias entorpecentes recebeu especial atenção do legislador, com o intuito máximo de prevenção e repressão, principalmente no que se refere ao tráfico de substâncias ilícitas. A crítica que se amolda sobre a lei funda-se na verificação de dados concretos sobre o aumento da população carcerária condenada pelos delitos da lei sem que haja a diminuição da prática do crime.

Capítulo 19

Crimes previstos na Lei das Organizações Criminosas

A necessidade de tutela penal para a repressão dos delitos praticados por organizações imbuídas de *modus operandi* complexo e com a finalidade única da prática de delitos obrigou o legislador a promulgar legislação específica sobre o tema, o que o levou ao estabelecimento da Lei n. 12.850, de 2 de agosto de 2013 (Brasil, 2013a).

— 19.1 —
Objetivo da lei

Com a Lei n. 12.850/2013, o legislador fixou a definição de organizações criminosas, bem como trouxe a tutela penal sobre a investigação criminal e os meios de obtenção de prova:

> Art. 1º Esta Lei define organização criminosa e dispõe sobre a investigação criminal, os meios de obtenção da prova, infrações penais correlatas e o procedimento criminal a ser aplicado.
>
> § 1º Considera-se organização criminosa a associação de 4 (quatro) ou mais pessoas estruturalmente ordenada e caracterizada pela divisão de tarefas, ainda que informalmente, com objetivo de obter, direta ou indiretamente, vantagem de qualquer natureza, mediante a prática de infrações penais cujas penas máximas sejam superiores a 4 (quatro) anos, ou que sejam de caráter transnacional. (Brasil, 2013a)

O conceito de organização criminosa refere-se às associações estruturalmente ordenadas e caracterizadas pela divisão de tarefas de quatro ou mais pessoas, com o intuito da prática de infrações cujas penas máximas sejam superiores a quatro anos ou de caráter transnacional.

A lacuna legislativa obrigou o legislador a estabelecer critérios objetivos para a delimitação da organização criminosa.

— 19.2 — Requisitos para a caracterização de organização criminosa

O legislador foi firme ao aduzir sobre os requisitos necessários para caracterizar uma organização como criminosa. Vejamos:

- Associação de quatro ou mais pessoas: admite-se inimputáveis. O agente infiltrado não pode ser computado para a reprovação do tipo penal.
- Associação com vínculo de estabilidade e permanência: exclui-se a eventualidade. Deve estar caracterizada a estabilidade e permanência da organização com o intuito final de cometimento de ilícito.
- Divisão de tarefas: estrutura organizada, com divisão de tarefas entre seus integrantes.
- Finalidade de obtenção de vantagem: o propósito da organização deve ser a obtenção de vantagens ilícitas. A lei não condiciona a efetividade da obtenção da vantagem.
- Infrações penais com pena máxima acima de quatro anos: conforme exigência do tipo penal.

— 19.3 —

Bem jurídico tutelado

Os bens jurídicos tutelados pela Lei n. 12.850/2013 são a paz e a segurança pública.

— 19.4 —

Crimes em espécie

O art. 2º da Lei n. 12.850/2013 estabelece os seguintes delitos:

> Art. 2º Promover, constituir, financiar ou integrar, pessoalmente ou por interposta pessoa, organização criminosa:
>
> Pena - reclusão, de 3 (três) a 8 (oito) anos, e multa, sem prejuízo das penas correspondentes às demais infrações penais praticadas.
>
> § 1º Nas mesmas penas incorre quem impede ou, de qualquer forma, embaraça a investigação de infração penal que envolva organização criminosa.
>
> § 2º As penas aumentam-se até a metade se na atuação da organização criminosa houver emprego de arma de fogo.
>
> § 3º A pena é agravada para quem exerce o comando, individual ou coletivo, da organização criminosa, ainda que não pratique pessoalmente atos de execução.
>
> § 4º A pena é aumentada de 1/6 (um sexto) a 2/3 (dois terços):
>
> I - se há participação de criança ou adolescente;

II - se há concurso de funcionário público, valendo-se a organização criminosa dessa condição para a prática de infração penal;

III - se o produto ou proveito da infração penal destinar-se, no todo ou em parte, ao exterior;

IV - se a organização criminosa mantém conexão com outras organizações criminosas independentes;

V - se as circunstâncias do fato evidenciarem a transnacionalidade da organização.

§ 5º Se houver indícios suficientes de que o funcionário público integra organização criminosa, poderá o juiz determinar seu afastamento cautelar do cargo, emprego ou função, sem prejuízo da remuneração, quando a medida se fizer necessária à investigação ou instrução processual.

§ 6º A condenação com trânsito em julgado acarretará ao funcionário público a perda do cargo, função, emprego ou mandato eletivo e a interdição para o exercício de função ou cargo público pelo prazo de 8 (oito) anos subsequentes ao cumprimento da pena.

§ 7º Se houver indícios de participação de policial nos crimes de que trata esta Lei, a Corregedoria de Polícia instaurará inquérito policial e comunicará ao Ministério Público, que designará membro para acompanhar o feito até a sua conclusão.

§ 8º As lideranças de organizações criminosas armadas ou que tenham armas à disposição deverão iniciar o cumprimento da pena em estabelecimentos penais de segurança máxima. (Incluído pela Lei 13.964, de 24 de dezembro de 2019)

> § 9º O condenado expressamente em sentença por integrar organização criminosa ou por crime praticado por meio de organização criminosa não poderá progredir de regime de cumprimento de pena ou obter livramento condicional ou outros benefícios prisionais se houver elementos probatórios que indiquem a manutenção do vínculo associativo. (Incluído pela Lei 13.964, de 24 de dezembro de 2019) (Brasil, 2013a)

Os **núcleos do tipo** são quatro: (1) *promover* (fomentar, anunciar); (2) *constituir* (formar, dar existência); (3) *financiar* (apoiar financeiramente, custear despesas); ou (4) *integrar* (participar, associar-se), pessoalmente ou por interposta pessoa (um terceiro agente, comumente denominado *laranja*), organização criminosa, conforme preceitua o art. 1º, parágrafo 1º, da Lei n. 12.850/2013.

— 19.5 —

Sujeito ativo e sujeito passivo

Os delitos previstos na Lei de Organização Criminosa são considerados crimes comuns, ou seja, é a categoria do delito que não exige uma qualidade especial do agente para seu cometimento. O sujeito ativo pode ser qualquer pessoa, e o sujeito passivo do delito, isto é, aquele que sofre a conduta típica, é, de forma ampla, a sociedade como um todo.

— 19.6 —
Meios de obtenção de prova

A Lei n. 12.850/2013 foi assertiva ao apresentar os meios para obtenção e prova durante as investigações e persecuções penais:

> Art. 3º Em qualquer fase da persecução penal, serão permitidos, sem prejuízo de outros já previstos em lei, os seguintes meios de obtenção da prova:
>
> I - colaboração premiada;
>
> II - captação ambiental de sinais eletromagnéticos, ópticos ou acústicos;
>
> III - ação controlada;
>
> IV - acesso a registros de ligações telefônicas e telemáticas, a dados cadastrais constantes de bancos de dados públicos ou privados e a informações eleitorais ou comerciais;
>
> V - interceptação de comunicações telefônicas e telemáticas, nos termos da legislação específica;
>
> VI - afastamento dos sigilos financeiro, bancário e fiscal, nos termos da legislação específica;
>
> VII - infiltração, por policiais, em atividade de investigação, na forma do art. 11;
>
> VIII - cooperação entre instituições e órgãos federais, distritais, estaduais e municipais na busca de provas e informações de interesse da investigação ou da instrução criminal.
>
> § 1º Havendo necessidade justificada de manter sigilo sobre a capacidade investigatória, poderá ser dispensada licitação

> para contratação de serviços técnicos especializados, aquisição ou locação de equipamentos destinados à polícia judiciária para o rastreamento e obtenção de provas previstas nos incisos II e V.
>
> § 2º No caso do § 1º, fica dispensada a publicação de que trata o parágrafo único do art. 61 da Lei nº 8.666, de 21 de junho de 1993, devendo ser comunicado o órgão de controle interno da realização da contratação. (Brasil, 2013a)

A **colaboração premiada** consiste no meio especial de obtenção de prova-técnica especial de investigação, por meio do qual o coautor ou partícipe, visando alcançar algum prêmio legal (redução de pena, perdão judicial, cumprimento de pena em regime diferenciado etc.), coopera com os órgãos de persecução penal confessando seus atos e fornecendo informações objetivamente eficazes quanto à identidade dos demais sujeitos do crime.

O **agente colaborador** poderá apresentar a materialidade de infrações penais, bem como prestar auxílio na recuperação de ativos oriundos do crime, detalhar estruturas criminosas, prevenção de novos delitos e apontar localização de pessoas envolvidas com a investigação ou crime.

A Lei n. 13.964, de 24 de dezembro de 2019, conhecida como *Pacote Anticrime* ou *Pacote Anticorrupção*, alterou dispositivos relacionados à colaboração premiada na Lei de Organizações Criminosas em sua Seção I (Colaboração premiada) (Brasil, 2019d).

Jurisprudência

HABEAS CORPUS. ARTIGOS 89 DA LEI N. 8.666/1993 E 312 DO CÓDIGO PENAL. **ACORDO DE COLABORAÇÃO PREMIADA**. AÇÃO PENAL ORIGINÁRIA. HOMOLOGAÇÃO/ REJEIÇÃO POR DECISÃO MONOCRÁTICA. POSSIBILIDADE. AGRAVO REGIMENTAL CABIMENTO. ANÁLISE DO ACORDO DE COLABORAÇÃO PREMIADA. EMISSÃO DE JUÍZO DE VALOR SOBRE AS DECLARAÇÕES DO COLABORADOR E CONVENIÊNCIA E OPORTUNIDADE PELO MAGISTRADO. IMPOSSIBILIDADE. ANÁLISE CIRCUNSCRITA À LEGALIDADE, VOLUNTARIEDADE E REGULARIDADE DO NEGÓCIO JURÍDICO-PROCESSUAL. EFICÁCIA OBJETIVA DO ACORDO. MOMENTO PROCESSUAL. PROLAÇÃO DA SENTENÇA. ORDEM CONCEDIDA.

1. **A colaboração premiada "é uma técnica especial de investigação, um meio de obtenção de prova, por meio da qual um coautor e/ou partícipe da infração penal para, além de confessar a prática delitiva, fornece aos** órgãos **responsáveis pela persecução penal, informações objetivamente eficazes para a consecução de um dos objetivos previstos em lei, recebendo, em contrapartida, determinado prêmio legal**" (DE LIMA, Renato Brasileiro. Legislação Criminal Especial Comentada. Editora JusPODIVM, 3ª edição, 2015, pg. 524).

2. É possível ao Desembargador Relator, monocraticamente, homologar ou rejeitar o acordo de colaboração premiada,

dada à sua natureza jurídica como meio de obtenção de prova e ao poder instrutório conferido ao julgador.

3. A decisão que rejeita o acordo de colaboração premiada possui conteúdo decisório, pois capaz de produzir modificação na esfera jurídica material e processual daqueles que o celebraram, bem como gerar-lhes prejuízos, razão pela qual a simples ausência de previsão normativa na Lei n. 12.850/2013 quanto a eventual recurso cabível, não tem o condão de tornar o decisum irrecorrível. Tratando-se de decisão monocrática proferida por Desembargador Relator, cabível o recurso de agravo interno por aplicação analógica das disposições do artigo 1021 do Código de Processo Civil.

4. **Quando da remessa do acordo de colaboração premiada ao Poder Judiciário, este, por meio de seus agentes públicos, deve se limitar, dentro de seu juízo de delibação, conforme disposição expressa do artigo 4º, § 7º, da Lei n. 12.850/2013, à verificação da regularidade, legalidade e voluntariedade do acordo, não lhe sendo permitido, neste momento, proceder à realização de juízo de valor acerca das declarações prestadas pelo colaborador e nem à conveniência e oportunidade acerca da celebração deste negócio jurídico processual. 5. O exame quanto à eficácia objetiva da colaboração e às circunstâncias elencadas no artigo 4º, § 1º, da Lei n. 12.850/2013 devem ser realizadas quando da prolação da sentença.**

6. No caso dos autos, nula a decisão do Desembargador Relator que, para justificar a rejeição do acordo de colaboração premiada, procede a amplo juízo de valor acerca das declarações prestadas pela colaboradora, bem como da

conveniência e oportunidade sobre o acerto ou desacerto da realização do acordo entre o Ministério Público e a ré e do momento processual em que efetivado, por ter excedido à análise dos requisitos de legalidade, voluntariedade e regularidade do negócio jurídico processual, exame ao qual encontrava-se limitado.

7. Ordem concedida para anular a decisão proferida pelo Desembargador Relator nos autos do Procedimento Cautelar Criminal n. 0000371-47.2016.8.03.0000 referente à decisão acerca da homologação de acordo de colaboração premiada nos autos da Ação Penal n. 0001417-13.2012.8.03.0000, devendo ser proferida nova decisão pelo Relator nos limites do artigo 4º, § 7º, da Lei n. 12.850/2013.

(STJ, HC n. 354.800/AP, Relator: Min. Reynaldo Soares da Fonseca, data de julgamento: 18/09/2017, data de publicação: 25/09/2017, 5ª Turma, grifo nosso)

Jurisprudência

PROCESSUAL PENAL. INQUÉRITO. **COLABORAÇÃO PREMIADA. ART. 4º DA LEI 12.850/13. EXISTÊNCIA, VALIDADE E EFICÁCIA**. QUESTIONAMENTO. DELATADO. LEGITIMIDADE E INTERESSE. AUSÊNCIA. NEGÓCIO JURÍDICO PROCESSUAL. EFEITOS. RESTRIÇÃO. NATUREZA

JURÍDICA PROCESSUAL. DELATIO CRIMINIS. CONTEÚDO. ELEMENTOS DE CONVICÇÃO. DESTINATÁRIO. ÓRGÃO DA ACUSAÇÃO.

[...]

3. A colaboração premiada somou à já existente previsão de qualquer pessoa do povo contribuir com a investigação criminal de crime de ação penal pública incondicionada (arts. 5º, § 3º, e 27 do CPP) a possibilidade de, quando se tratar de coautor ou partícipe, obter benefícios processuais e materiais penais.

4. Quanto ao aspecto processual, a natureza jurídica da colaboração premiada é de delatio criminis, porquanto é mero recurso à formação da convicção da acusação e não elemento de prova, sendo insuficiente para subsidiar, por si só, a condenação de alguém.

5. O acordo de colaboração não se confunde com seu conteúdo e as cláusulas de referido acordo não repercutem, nem sequer remotamente, na esfera jurídica de terceiros, razão pela qual não têm esses terceiros interesse jurídico nem legitimidade para sua impugnação.

[...]

8. Agravo regimental improvido.

(STJ, Agrg no Inq n. 1.093/DF, Relatora: Min. Nancy Andrighi, data de julgamento: 05/09/2017, data de publicação: 12/09/2017, Corte Especial, grifo nosso)

Jurisprudência

DIREITO PENAL. DIREITO PROCESSUAL PENAL. EMBARGOS INFRINGENTES E DE NULIDADE. **OPERAÇÃO LAVA-JATO**. CRIME CONTRA A ADMINISTRAÇÃO PÚBLICA E CONTRA O SISTEMA FINANCEIRO NACIONAL. DOSIMETRIA DAS PENAS APLICADAS. AUSÊNCIA DE DIVERGÊNCIA. EMBARGOS NÃO CONHECIDOS EM PARTE. MÉRITO. SUSPENSÃO PROCESSUAL ORDENADA EM PRIMEIRO GRAU. PRECLUSÃO. **ACORDO DE COLABORAÇÃO PREMIADA. REQUISITOS.** SUSPENSÃO. AÇÃO PENAL. PREENCHIMENTO. CRIME DE CORRUPÇÃO PASSIVA. ABSOLVIÇÃO. IMPOSSIBILIDADE. PROVA QUE AUTORIZA A SOLUÇÃO CONDENATÓRIA.

[...]

5. **A interpretação das cláusulas do acordo de colaboração premiada deve ser feita à luz dos objetivos que visou a atingir com suas disposições, de modo que, cumpridos os requisitos ajustados no pacto colaborativo, deve ser concedida a sanção premial estipulada, como reflexo da legítima contraprestação do colaborador, in casu, a suspensão processual, por atingido o requisito temporal da sanção unificada, por condenação transitada em julgado para ambas as partes.**

6. O dimensionamento da sanção premial prevista em acordo de delação premiada, no que concerne à pena privativa de liberdade, quando prevista de modo intervalar, com limites

> mínimo e máximo, deve observar aspectos múltiplos, como a personalidade do colaborador, a natureza, as circunstâncias, a gravidade e a repercussão social do fato criminoso, não estando adstrita, unicamente, à eficácia da colaboração. Caso em que o magistrado singular utilizou critérios razoáveis para a fixação da reprimenda no seu patamar máximo, merecendo ser chancelada em segunda instância.
>
> 7. O conjunto cognitivo produzido nos autos autoriza a solução condenatória do embargante (J.C.C.M.B) pelo crime de corrupção passiva, uma vez que as declarações prestadas em sede de colaboração premiada foram amplamente corroboradas por outros elementos de prova. Prevalência do entendimento majoritário. Recurso desprovido.
>
> (TRF4, Embargos Infringentes e de Nulidade n. 5061578-51.2015.4.04.7000, Relatora: Des. Cláudia Cristina Cristofani, data de julgamento: 12/12/2018, data de publicação: 12/12/2018, 4ª Seção, grifo nosso)

A Lei das Organizações Criminosas delimitou seu conceito e sua atuação, bem como a forma de produção de provas durante a instrução processual e o inquérito policial. Entretanto, o ordenamento jurídico penal dispõe de conceitos de organização criminosa em outros diplomas legais. A presente lei não revogou outros conceitos apresentados em leis especiais, contudo trouxe a tutela penal formal específica de organização criminosa.

Capítulo 20

Crimes previstos na Lei de Terrorismo

A Constituição Federal já trazia, em seu art. 4º, inciso VIII, o repúdio ao terrorismo. Entretanto, foi necessário regulamentar o tipo penal, a fim de disciplinar a prática do terrorismo e a necessária cominação de reprimendas penais, o que ocorreu por meio da Lei n. 13.260, de 16 de março de 2016 (Brasil, 2016a).

— 20.1 —
Objetivo da lei

A Lei n. 13.260/2016 trouxe para a tutela jurídico-penal pátria o delito de terrorismo, de modo a regulamentar o disposto na Constituição Federal, art. 5º, inciso XLIII. Vejamos o teor do art. 2º da Lei de Terrorismo:

> Art. 2º O terrorismo consiste na prática por um ou mais indivíduos dos atos previstos neste artigo, por razões de xenofobia, discriminação ou preconceito de raça, cor, etnia e religião, quando cometidos com a finalidade de provocar terror social ou generalizado, expondo a perigo pessoa, patrimônio, a paz pública ou a incolumidade pública.
>
> § 1º São atos de terrorismo:
>
> I – Usar ou ameaçar usar, transportar, guardar, portar ou trazer consigo explosivos, gases tóxicos, venenos, conteúdos biológicos, químicos, nucleares ou outros meios capazes de causar danos ou promover destruição em massa;
>
> IV – sabotar o funcionamento ou apoderar-se, com violência, grave ameaça a pessoa ou servindo-se de mecanismos

> cibernéticos, do controle total ou parcial, ainda que de modo temporário, de meio de comunicação ou de transporte, de portos, aeroportos, estações ferroviárias ou rodoviárias, hospitais, casas de saúde, escolas, estádios esportivos, instalações públicas ou locais onde funcionem serviços públicos essenciais, instalações de geração ou transmissão de energia, instalações militares, instalações de exploração, refino e processamento de petróleo e gás e instituições bancárias e sua rede de atendimento;
>
> V – Atentar contra a vida ou a integridade física de pessoa:
>
> Pena – reclusão, de doze a trinta anos, além das sanções correspondentes à ameaça ou à violência.
>
> § 2° O disposto neste artigo não se aplica à conduta individual ou coletiva de pessoas em manifestações políticas, movimentos sociais, sindicais, religiosos, de classe ou de categoria profissional, direcionados por propósitos sociais ou reivindicatórios, visando a contestar, criticar, protestar ou apoiar, com o objetivo de defender direitos, garantias e liberdades constitucionais, sem prejuízo da tipificação penal contida em lei. (Brasil, 2016a)

A lei conceitua *terrorismo* como a prática de um ou mais indivíduos dos atos nela previstos, por razões de xenofobia, discriminação ou preconceito de raça, cor etnia e religião, quando cometidos com a finalidade de provocar terror social ou generalizado, expondo a perigo a paz pública, o patrimônio ou a incolumidade pública. O delito de terrorismo demanda, para sua caracterização, um especial motivo de agir (razões de xenofobia, discriminação ou preconceito de raça, cor, etnia e religião) (Brasil, 2016a).

O crime de terrorismo, além de exigir um especial interesse de agir (motivo), requer um especial fim de agir (para que), qual seja: provocar terror social ou generalizado. O delito de terrorismo é equiparado a crime hediondo, conforme estabelece o art. 5º, inciso XLIII, da Constituição Federal:

> Art. 5º Todos são iguais perante a lei, sem distinção de qualquer natureza, garantindo-se aos brasileiros e aos estrangeiros residentes no País a inviolabilidade do direito à vida, à liberdade, à igualdade, à segurança e à propriedade, nos termos seguintes:
>
> [...]
>
> XLIII – a lei considerará crimes inafiançáveis e insuscetíveis de graça ou anistia a prática da tortura, o tráfico ilícito de entorpecentes e drogas afins, **o terrorismo** e os definidos como crimes hediondos, por eles respondendo os mandantes, os executores e os que, podendo evitá-los, se omitirem. (Brasil, 1988, grifo nosso)

— 20.2 —
Bem jurídico tutelado

Os bens jurídicos tutelados pela norma são a sociedade e a incolumidade pública.

Jurisprudência

HABEAS CORPUS. **Promoção de organização terrorista. ASSOCIAÇÃO CRIMINOSA. art. 3º da Lei nº 13.260/16** E ART. 288 DO CP. OPERAÇÃO hashtag. PRISÃO PREVENTIVA DECRETADA. SENTENÇA PENAL CONDENATÓRIA. DIREITO DE APELAR EM LIBERDADE NEGADO. CONSTRANGIMENTO ILEGAL. NÃO OCORRÊNCIA.

1. Presentes elementos concretos da necessidade da prisão no caso em tela, para garantia da ordem pública e para assegurar a aplicação da lei penal, considerando a gravidade dos crimes cometidos (promoção de organização terrorista e associação criminosa), deve ser mantida a prisão preventiva decretada no curso da ação penal.

2. É pacífico o entendimento dos Tribunais no sentido de que o réu que permaneceu segregado durante a instrução do processo não tem o direito de apelar em liberdade quando as circunstâncias determinantes para a decretação da prisão preventiva permanecem inalteradas, sendo cabível, na hipótese, a execução provisória da pena, com a expedição da Guia de Execução Provisória e o seu encaminhamento à Vara de Execuções Penais competente, de forma a possibilitar ao condenado os benefícios previstos na Lei de Execução Penal, o que foi providenciado pelo juízo impetrado, não havendo falar em constrangimento ilegal.

3. No caso, considerando que o paciente foi incluído no Sistema Penitenciário Federal, tendo sido deferida a prorrogação da sua permanência no referido sistema até 26-07-2019, encontra-se obstada, por hora, a análise dos requisitos para a progressão de regime de cumprimento de pena.

4. Nada impede que o juízo impetrado reveja os requisitos para a manutenção do paciente no Sistema Penitenciário Federal, de modo a propiciar a análise, pelo juízo competente, do direito à progressão de regime, desde que haja requerimento da parte interessada.

5. Ordem de habeas corpus denegada.

"Da mesma forma, as condições pessoais de [...] **indicam ser necessária a manutenção de sua custódia cautelar. A quantidade e A natureza extremante graves de algumas de suas manifestações de apoio à organização terrorista não podem ser desconsideradas pelo Juízo, dado o risco concreto de dano imensurável à população em caso de colocação em prática de suas ideias. Nesse sentido necessário se destacarem as orientações repassadas a outros adeptos de doutrinas terroristas, pouco antes do início das Olimpíadas do RJ, sobre como produzir uma bomba caseira utilizando carvão, salitre e enxofre, com a inserção de cacos de vidro moídos para potencializar a dor e o terror na população civil. Essa mensagem deve ser contextualizada à mensagem privada remetida por** [...] **a outro simpatizante da organização terrorista Estado Islâmico, na qual afirmou que pretendia fazer a bayat ao autodenominado califa do E.I.**

Essas circunstâncias e condições pessoais, conjuntamente consideradas, demonstram a periculosidade que a liberdade de [...] representa para a ordem pública e à aplicação da lei penal. Necessária, por consequência, a manutenção de sua prisão preventiva.".

(TRF4, HC n. 5047851-68.2018.4.04.0000, Relator: Des. Luiz Carlos Canalli, data de julgamento: 21/01/2019, data de publicação: 21/01/2019, 7ª Turma, grifo nosso)

Jurisprudência

OPERAÇÃO 'HASHTAG'. ARTS. 3° E 5° DA LEI 13.260/2016. ART. 288 DO CP. AUSÊNCIA DE NULIDADES. PROMOÇÃO EM TERRITORIO NACIONAL DE ORGANIZAÇÃO TERRORISTA. TIPICIDADE, MATERIALIDADE E AUTORIAS DELITIVAS. COMPROVAÇÃO.

[...]

3. A comunidade internacional, assim como o Conselho de Segurança das Nações Unidas, por suas Resoluções obrigatórias aos Estados membros da Organização, manifestam perspectivas abrangentes, tanto para a prevenção quanto para a punição do terrorismo, reconhecendo-se, entre outros fatores, que o inciamento, a promoção, enaltecimento dos atos de terrorismo motivados pelo extremismo

e intolerância, ensejam um sério e crescente perigo ao exercício dos Direitos Humanos e ameaça o desenvolvimento social e econômico dos Estados, devendo ser corrigido urgente e proativamente pelas Nações Unidas e Estados-Membros.

4. Essas preocupações são contempladas pela Constituição Brasileira, quando determina ao legislador a previsão do terrorismo como crime hediondo.

5. A existência de legislação específica criminalizando os atos de terrorismo e condutas a eles assemelhadas faz parte da estratégia de contraterrorismo em nível mundial, evitando a inadequada resposta estatal, como a não consideração da motivação, dos fins buscados, do risco potencial, assim como de punição excessiva ou insatisfatória, e a necessidade do estabelecimento de ferramentas legais adequadas à prevenção, investigação e punição de atos terroristas. É nesse contexto maior e preventivo que o tipo penal da Lei 13.260/2016 deve ser visto, quando criminaliza a promoção de organização terrorista, tipo penal que não exige dano concreto, tampouco a comprovação de habilidades individuais, e existência ou não de reservas mentais, dado que a contribuição para validação das compreensões do grupo pode ser suficiente para que um ou mais acusados, isoladamente, coloquem em prática o ideário construído coletivamente.

6. No caso presente, a violência estabelecida na propaganda de organização reconhecida como terrorista por Resoluções do Conselho de Segurança da ONU congregou os acusados em um movimento de glorificação das atrocidades,

fazendo com que focassem seus interesses e atenções *a causa da referida* organização criminosa, passando os réus a repercutir os valores próprios da organização terrorista, fundados na radicalização religiosa, com desumanização das potenciais e reais vítimas daquela organização, e mediante a aceitação da justificação do uso da violência como ferramenta de atuação.

7. As condutas perpetradas pelos réus ultrapassaram as meras postagens de ações da propaganda e da, pois exigiram juramentos de fidelidade a pessoas consideradas líderes terroristas e comprometimento com a causa terrorista, mediante cobrança de que os diversos participantes dos grupos manifestassem aquiescência em relação ao cometimento de atos concretos de violência coletiva e terror.

8. Relevância penal das manifestações, dado o contexto dos Jogos Olímpicos na Cidade do Rio de Janeiro e a existência de declarado comprometimento para com a futura prática de ações concretas.

9. Hipótese em que as ações foram além do discurso de ódio, para o qual a Corte Europeia de Direitos Humanos reconhece que 'os Estados não podem ser obrigados a esperar a efetivação de um desastre para só então intervirem'. Manifestações não protegidas pela liberdade de expressão ou religiosa, notadamente quando os acusados rejeitam as autoridades religiosas nacionais que professam a fé pacificamente e em ambiente de pluralismo religioso. Existência de dever de atuação dos Estados para coibirem as condutas de notorio risco potencial à segurança e a vida em sociedades democráticas, o fazendo com ampla margem de atuação

e discricionariedade, conforme reconhecido pelas Cortes Interamericana e Européia de Direitos Humanos.

10. A Declaração Universal dos Direitos Humanos, a Convenção Interamericana de Direitos Humanos e o Pacto Internacional Sobre Direito Civis e Políticos asseguram a interferência ou a imposição de limites à liberdade de manifestação em prol da segurança pública e dos direitos e liberdades das demais pessoas. Expressa menção no Pacto de Direitos Civis e Políticos, aprovado pelo Decreto 592/92, de proibição de qualquer apologia ao ódio nacional, racial ou religioso, que constitua incitamento à discriminação, à hostilidade ou a violência.

11. Análise de precedentes da Corte Europeia de Direitos Humanos repelindo manifestações que se constituam em suporte ativo ou passivo de organizações criminosas, que se constituam em glorificação do terrorismo, ou que avaliem como justificável o uso da violência extrema, desdenhando a dignidade e incolumidade de vítimas, ou que promovam o ódio religioso.

(TRF4, ACr n. 5046863-67.2016.4.04.7000, Relator: Márcio Antônio Rocha, data de julgamento: 19/06/2018, 7ª Turma)

A jurisprudência citada refere-se à "Operação *Hashtag*", deflagrada pela Polícia Federal pouco antes das Olimpíadas do Rio de Janeiro, que se realizou em 2016, como forma de coibir práticas terroristas e a disseminação do medo durante o evento.

— 20.3 —
Sujeito ativo e sujeito passivo

Os delitos dispostos na Lei de Terrorismo são considerados crime comuns, ou seja, é a categoria do delito que não exige uma qualidade especial do agente para seu cometimento. O sujeito ativo pode ser qualquer pessoa, e o sujeito passivo do delito, isto é, aquele que sofre a conduta típica, é, de forma ampla, a sociedade como um todo.

— 20.4 —
Competência para julgamento

A competência para julgamento de delitos de terrorismo será a Justiça Federal, em atenção ao disposto no art. 11 da lei em análise.

O delito de terrorismo, trazido ao ordenamento jurídico penal pelo legislador pátrio, consuma-se quando o agente se vale da prática de terror social, destruição em massa, atos de sabotagem, atos atentatórios contra a vida. Delimita-se o delito, também, quando o agente integra ou presta auxílio para organizações terroristas.

Considerações finais

Nesta obra, discorremos sobre as leis penais especiais do ordenamento jurídico brasileiro e, com o intuito de uma apresentação pormenorizada dos delitos, promovemos a incursão do leitor nas particularidades de cada lei penal extravagante.

Como fruto de uma pesquisa intensa, que teve como base a imersão em manuais, em artigos científicos e na mais recente e atualizada jurisprudência, sintetizamos – em que pese o enorme desafio – em apenas uma obra, as leis penais especiais, tão importantes para o desenvolvimento do estudo e da prática do direito penal na contemporaneidade.

Já ressaltamos na apresentação desta obra e aqui reiteramos que nossa opção foi condensar as 20 leis penais especiais de maior importância e incidência na prática do direito penal contemporâneo, enumerando-as com base na data de sua vigência e em ordem cronológica, transmitindo ao leitor de forma clara e objetiva as minúcias de cada infração penal.

A contribuição deste livro para os estudos do direito penal é reunir o paralelo entre a análise de cada tipo penal e o objetivo da lei com os respectivos entedimentos dos tribunais superiores acerca dos temas em análise. Dessa forma, a obra se transformou em um guia de leis penais especiais, que facilita a rápida absorção do conteúdo por parte do leitor.

Foram incluídos julgamentos recentes do Superior Tribunal de Justiça e do Supremo Tribunal Federal sobre os delitos dispostos neste livro, bem como as novidades legislativas até a data de 24 de dezembro de 2019. Portanto, a obra é um grande norte ao leitor e ao estudante do direito penal que buscam o aperfeiçoamento da prática diária diante de casos concretos.

Por fim, tivemos como missão apresentar ao estudante e ao operador do direito uma perspectiva objetiva das leis penais especiais, de modo que a obra pode servir de auxílio para a confecção de peças processuais, leituras complementares e enfrentamento das questões objetivas do direito penal.

Referências

BECCARIA, C. **Dos delitos e das penas**. 2. ed. São Paulo: Edipro, 2015.

BECK, U. **Sociedade de risco rumo a uma outra modernidade**. São Paulo: Ed. 34, 2010.

BELING, E. von. **A ação punível e a pena**. São Paulo: Rideel, 2007.

BENTHAM, J. **The rationale of punisment**. Londres: Robert Heward, 1830.

BERTOLINI, J. Polícia Civil de SC diz que não é crime ter suástica em propriedade privada. **Folha de S.Paulo**, 9 dez. 2014. Disponível em <https://www1.folha.uol.com.br/cotidiano/2014/12/1559795-policia-civil-descobre-piscina-com-suastica-em-casa-de-professor-de-sc.shtml>. Acesso em: 20 nov. 2020.

BITENCOURT, C. R. **Tratado de direito penal**: parte geral. 13. ed. São Paulo: Saraiva, 2008. v. 1.

BRASIL. Banco Central. **Resolução n. 3.568, de 29 de maio de 2008**a. Disponível em: <https://www.bcb.gov.br/pre/normativos/busca/downloadNormativo.asp?arquivo=/Lists/Normativos/Attachments/47908/Res_3568_v9_P.pdf>. Acesso em: 20 nov. 2020.

BRASIL. Constituição (1988). **Diário Oficial da União**, Brasília, DF, 5 out. 1988. Disponível em: <http://legis.senado.leg.br/norma/579494/publicacao/16434817>. Acesso em: 20 nov. 2020.

BRASIL. Decreto n. 154, de 26 de junho de 1991. **Diário Oficial da União**, Poder Executivo, Brasília, DF, 27 jun. 1991a. Disponível em: <http://www.planalto.gov.br/ccivil_03/decreto/1990-1994/d0154.htm>. Acesso em: 20 nov. 2020.

BRASIL. Decreto n. 9.847, de 25 de junho de 2019. **Diário Oficial da União**, Poder Legislativo, Brasília, DF, 25 jun. 2019a. Disponível em: <http://www.planalto.gov.br/ccivil_03/_Ato2019-2022/2019/Decreto/D9847.htm>. Acesso em: 20 nov. 2020.

BRASIL. Decreto n. 10.030, de 22 de setembro de 2019. **Diário Oficial da União**, Poder Legislativo, Brasília, DF, 1º out. 2019b. Disponível em: <http://www.planalto.gov.br/ccivil_03/_ato2019-2022/2019/decreto/D10030.htm>. Acesso em: 20 nov. 2020.

BRASIL. Decreto-Lei n. 2.848, de 7 de dezembro de 1940. **Diário Oficial da União**, Poder Executivo, Rio de Janeiro, DF, 7 dez. 1940. Disponível em: <http://www.planalto.gov.br/ccivil_03/decreto-lei/del2848compilado.htm>. Acesso em: 20 nov. 2020.

BRASIL. Lei n. 2.889, de 1º de outubro de 1956. **Diário Oficial da União**, Poder Legislativo, Rio de Janeiro, DF, 1º out. 1956. Disponível em: <http://www.planalto.gov.br/ccivil_03/leis/l2889.htm>. Acesso em: 20 nov. 2020.

BRASIL. Lei n. 13.641, de 3 de abril de 2018. **Diário Oficial da União**, Poder Legislativo, Brasília, DF, 4 abr. 2018a. Disponível em: <http://www.planalto.gov.br/ccivil_03/_Ato2015-2018/2018/Lei/L13641.htm#art2>. Acesso em: 20 nov. 2020.

BRASIL. Lei n. 5.172, de 25 de outubro de 1966. **Diário Oficial da União**, Poder Legislativo, Brasília, DF, 27 out. 1966. Disponível em: <http://www.planalto.gov.br/ccivil_03/leis/l5172.htm>. Acesso em: 20 nov. 2020.

BRASIL. Lei n. 6.938, de 31 de agosto de 1981. **Diário Oficial da União**, Poder Legislativo, Brasília, DF, 2 set. 1981. Disponível em: <http://www.planalto.gov.br/ccivil_03/LEIS/L6938.htm>. Acesso em: 20 nov. 2020.

BRASIL. Lei n. 7.210, de 11 de julho de 1984. **Diário Oficial da União**, Poder Legislativo, Brasília, DF, 11 jul. 1984. Disponível em: <http://www.planalto.gov.br/ccivil_03/leis/l7210.htm>. Acesso em: 20 nov. 2020.

BRASIL. Lei n. 7.492, de 16 de junho de 1986. **Diário Oficial da União**, Poder Legislativo, Brasília, DF, 16 jun. 1986. Disponível em: <http://www.planalto.gov.br/ccivil_03/leis/L7492.htm>. Acesso em: 20 nov. 2020.

BRASIL. Lei n. 7.716, de 5 de janeiro de 1989. **Diário Oficial da União**, Poder Legislativo, Brasília, DF, 5 jan. 1989. Disponível em: <http://www.planalto.gov.br/ccivil_03/leis/l7716.htm>. Acesso em: 20 nov. 2020.

BRASIL. Lei n. 8.072, de 25 de julho de 1990. **Diário Oficial da União**, Poder Legislativo, Brasília, DF, 25 jul. 1990a. Disponível em: <http://www.planalto.gov.br/ccivil_03/leis/l8072.htm>. Acesso em: 20 nov. 2020.

BRASIL. Lei n. 8.078, de 11 de setembro de 1990. **Diário Oficial da União**, Poder Legislativo, Brasília, DF, 11 set. 1990b. Disponível em: <http://www.planalto.gov.br/ccivil_03/leis/l8078.htm>. Acesso em: 20 nov. 2020.

BRASIL. Lei n. 8.137, de 27 de dezembro de 1990. **Diário Oficial da União**, Poder Legislativo, Brasília, DF, 28 dez. 1990c. Disponível em: <http://www.planalto.gov.br/ccivil_03/leis/l8137.htm>. Acesso em: 20 nov. 2020.

BRASIL. Lei n. 8.176, de 8 de fevereiro de 1991. **Diário Oficial da União**, Poder Legislativo, Brasília, DF, 13 de fevereiro de 1991b. Disponível em: <http://www.planalto.gov.br/ccivil_03/LEIS/L8176.htm>. Acesso em: 20 nov. 2020.

BRASIL. Lei n. 8.666, de 21 de junho de 1993. **Diário Oficial da União**, Poder Legislativo, Brasília, DF, 21 jun. 1993. Disponível em: <http://www.planalto.gov.br/ccivil_03/leis/l8666compilado.htm#:~:text=Dos%20Princípios-,Art.,Parágrafo%20único.>. Acesso em: 20 nov. 2020.

BRASIL. Lei n. 8.906, de 4 de julho de 1994. **Diário Oficial da União**, Poder Legislativo, Brasília, DF, 4 jul. 1994. Disponível em: <http://www.planalto.gov.br/ccivil_03/leis/l8906.htm>. Acesso em: 20 nov. 2020.

BRASIL. Lei n. 9.069, de 29 de junho de 1995. **Diário Oficial da União**, Poder Legislativo, Brasília, DF, 29 jun. 1995a. Disponível em: <http://www.planalto.gov.br/ccivil_03/LEIS/L9069.htm>. Acesso em: 20 nov. 2020.

BRASIL. Lei n. 9.099, de 26 de setembro de 1995. **Diário Oficial da União**, Poder Legislativo, Brasília, DF, 26 set. 1995b. Disponível em: <http://www.planalto.gov.br/ccivil_03/leis/l9099.htm>. Acesso em: 20 nov. 2020.

BRASIL. Lei n. 9.296, de 24 de julho de 1996. **Diário Oficial da União**, Poder Legislativo, Brasília, DF, 24 jul. 1996. Disponível em: <http://www.planalto.gov.br/ccivil_03/LEIS/L9296.htm>. Acesso em: 20 nov. 2020.

BRASIL. Lei n. 9.455, de 7 de abril de 1997. **Diário Oficial da União**, Poder Legislativo, Brasília, DF, 7 abr. 1997a. Disponível em: <http://www.planalto.gov.br/ccivil_03/leis/L9455.htm>. Acesso em: 20 nov. 2020.

BRASIL. Lei n. 9.503, de 23 de setembro de 1997. **Diário Oficial da União**, Poder Legislativo, Brasília, DF, 24 set. 1997b. Disponível em: <https://www.planalto.gov.br/ccivil_03/leis/l9503.htm>. Acesso em: 20 nov. 2020.

BRASIL. Lei n. 9.605, de 12 de fevereiro de 1998. **Diário Oficial da União**, Poder Legislativo, Brasília, DF, 13 fev. 1998a. Disponível em: <http://www.planalto.gov.br/ccivil_03/leis/l9605.htm>. Acesso em: 20 ago. 2020.

BRASIL. Lei n. 9.609, de 19 de fevereiro de 1998. **Diário Oficial da União**, Poder Legislativo, Brasília, DF, 20 fev. 1998b. Disponível em: <http://www.planalto.gov.br/ccivil_03/leis/l9609.htm>. Acesso em: 20 nov. 2020.

BRASIL. Lei n. 9.613, de 3 de março de 1998. **Diário Oficial da União**, Poder Executivo, Brasília, DF, 4 mar. 1998c. Disponível em: <http://www.planalto.gov.br/ccivil_03/leis/l9613.htm>. Acesso em: 20 novo. 2020.

BRASIL. Lei n. 10.684, de 30 de maio de 2003. **Diário Oficial da União**, Poder Legislativo, Brasília, DF, 31 maio. 2003a. Disponível em: <http://www.planalto.gov.br/ccivil_03/leis/2003/L10.684.htm>. Acesso em: 20 nov. 2020.

BRASIL. Lei n. 10.741, de 1º de outubro de 2003. **Diário Oficial da União**, Poder Executivo, Brasília, DF, 3 out. 2003b. Disponível em: <http://www.planalto.gov.br/ccivil_03/leis/2003/l10.741.htm>. Acesso em: 20 nov. 2020.

BRASIL. Lei n. 10.826, de 22 de dezembro de 2003. **Diário Oficial da União**, Poder Legislativo, Brasília, DF, 23 dez. 2003c. Disponível em: <http://www.planalto.gov.br/ccivil_03/leis/2003/l10.826.htm>. Acesso em: 20 nov. 2020.

BRASIL. Lei n. 11.340, de 7 de agosto de 2006. **Diário Oficial da União**, Poder Legislativo, Brasília, DF, 8 ago. 2006a. Disponível em: <http://www.planalto.gov.br/ccivil_03/_ato2004-2006/2006/lei/l11340.htm>. Acesso em: 20 nov. 2020.

BRASIL. Lei n. 11.343, de 23 de agosto de 2006. **Diário Oficial da União**, Poder Legislativo, Brasília, DF, 24 ago. 2006b. Disponível em: <http://www.planalto.gov.br/ccivil_03/_ato2004-2006/2006/lei/l11343.htm>. Acesso em: 20 nov. 2020.

BRASIL. Lei n. 12.288, de 20 de julho de 2010. **Diário Oficial da União**, Poder Legislativo, Brasília, DF, 20 jul. 2010a. Disponível em: <http://www.planalto.gov.br/ccivil_03/_Ato2007-2010/2010/Lei/L12288.htm>. Acesso em: 20 nov. 2020.

BRASIL. Lei n. 12.850, de 2 de agosto de 2013. **Diário Oficial da União**, Poder Legislativo, Brasília, DF, 5 ago. 2013a. Disponível em: <http://www.planalto.gov.br/ccivil_03/_ato2011-2014/2013/lei/l12850.htm>. Acesso em: 20 nov. 2020.

BRASIL. Lei n. 13.260, de 16 de março de 2016. **Diário Oficial da União**, Poder Legislativo, Brasília, DF, 17 mar. 2016a. Disponível em: <http://www.planalto.gov.br/ccivil_03/_Ato2015-2018/2016/Lei/L13260.htm>. Acesso em: 20 nov. 2020.

BRASIL. Lei n. 13.497, de 26 de outubro de 2017. **Diário Oficial da União**, Poder Legislativo, Brasília, DF, 27 out. 2017a. Disponível em: <http://www.planalto.gov.br/ccivil_03/_Ato2015-2018/2017/Lei/L13497.htm>. Acesso em: 20 nov. 2020.

BRASIL. Lei n. 13.771, de 19 de dezembro de 2018. **Diário Oficial da União**, Poder Legislativo, Brasília, DF, 20 dez. 2018b. Disponível em: <http://www.planalto.gov.br/ccivil_03/_Ato2015-2018/2018/Lei/L13771.htm>. Acesso em: 20 nov. 2020.

BRASIL. Lei n. 13.869, de 5 de setembro de 2019. **Diário Oficial da União**, Poder Legislativo, Brasília, DF, 27 set. 2019c. Disponível em: <http://www.planalto.gov.br/ccivil_03/_ato2019-2022/2019/lei/L13869.htm>. Acesso em: 20 nov. 2020.

BRASIL. Lei n. 13.964, de 24 de dezembro de 2019. **Diário Oficial da União**, Poder Legislativo, Brasília, DF, 24 dez. 2019d. Disponível em: <http://www.planalto.gov.br/ccivil_03/_ato2019-2022/2019/lei/L13964.htm>. Acesso em: 20 nov. 2020.

BRASIL. Lei Complementar n. 105, de 10 de janeiro de 2001. **Diário Oficial da União**, Poder Legislativo, Brasília, DF, 10 jan. 2001a. Disponível em: <http://www.planalto.gov.br/ccivil_03/LEIS/LCP/Lcp105.htm>. Acesso em: 20 nov. 2020.

BRASIL. Ministério da Saúde. Secretaria de Vigilância em Saúde. Portaria n. 344, de 12 de maio de 1998. **Diário Oficial da União**, Poder Legislativo, Brasília, DF, 31 dez. 1998d. Disponível em: <https://bvsms.saude.gov.br/bvs/saudelegis/svs/1998/prt0344_12_05_1998_rep.html>. Acesso em: 20 nov. 2020.

BRASIL. Secretaria de Estado das Relações Exteriores. Decreto n. 30.822, de 6 de maio de 1952. **Diário Oficial da União**, Poder Legislativo, Rio de Janeiro, DF. Disponível em: <http://www.planalto.gov.br/ccivil_03/Atos/decretos/1952/D30822.html>. Acesso em: 20 nov. 2020.

BRASIL. Superior Tribunal de Justiça. Ação Penal 686 AP, data de publicação: 28/10/2014a. Relator: Min. João Otávio de Noronha. **Diário da Justiça Eletrônico**, Brasília, DF. Disponível em: <https://stj.jusbrasil.com.br/jurisprudencia/153404677/acao-penal-apn-686-ap-2011-0238199-0>. Acesso em: 20 nov. 2020.

BRASIL. Superior Tribunal de Justiça. Ação Penal 863 SP, data de julgamento: 22/05/2017, data de publicação: 28/08/2017b, 1ª Turma. Relator: Min. Edson Fachin. **Diário da Justiça Eletrônico**, Brasília, DF.

BRASIL. Superior Tribunal de Justiça. Agravo em Recurso Especial 915.796 SP, data de publicação: 24/08/2017c, 5ª Turma. Relator: Min. Jorge Mussi. **Diário da Justiça Eletrônico**, Brasília, DF. Disponível em: <https://stj.jusbrasil.com.br/jurisprudencia/492314721/agravo-em-recurso-especial-aresp-915796-sp-2016-0135527-3/decisao-monocratica-492314731?ref=serp>. Acesso em: 20 nov. 2020.

BRASIL. Superior Tribunal de Justiça. Agravo Regimental no Agravo em Recurso Especial 397.473 DF, data de julgamento: 19/08/2014, data de publicação: 25/08/2014b, 5ª Turma. Relator: Min. Marco Aurélio Bellizze. **Diário da Justiça Eletrônico**, Brasília, DF. Disponível em: <https://stj.jusbrasil.com.br/jurisprudencia/25248877/agravo-regimental-no-agravo-em-recurso-especial-agrg-no-aresp-397473-df-2013-0321288-0-stj/ inteiro-teor-25248878?ref=juris-tabs >. Acesso em: 20 nov. 2020.

BRASIL. Superior Tribunal de Justiça. Agravo Regimental no Agravo em Recurso Especial 1.273.153 SC, data de julgamento: 26/06/2018, data de publicação: 01/08/2018c, 5ª Turma. Relator: Min. Ribeiro Dantas. **Diário da Justiça Eletrônico**, Brasília, DF. Disponível em: <https://stj.jusbrasil.com.br/jurisprudencia/608017939/agravo-regimental-no-agravo-em-recurso-especial-agrg-no-aresp-1273153-sc-2018-0079311-1/inteiro-teor-608017957?ref=serp>. Acesso em: 20 nov. 2020.

BRASIL. Superior Tribunal de Justiça. Agravo Regimental no Agravo Interno nos Embargos de Declaração no Agravo Regimental no Agravo Interno no Recurso Especial 1.682.338 MT 2017/0163340-4, data de julgamento: 18/09/2018, data de publicação: 26/09/2018d, 5ª Turma. Relator: Min. Jorge Mussi. **Diário da Justiça Eletrônico** (DJe), Brasília, DF. Disponível em: <https://stj.jusbrasil.com.br/jurisprudencia/631765472/agravo-regimental-no-agravo-interno-nos-embargos-de-declaracao-no-agravo-regimental-no-agravo-interno-no-recurso-especial-agrg-no-agint-nos-edcl-no-agrg-no-agint-no-resp-1682338-mt-2017-0163340-4/inteiro-teor-631765486?ref=juris-tabs>. Acesso em: 20 nov. 2020.

BRASIL. Superior Tribunal de Justiça. Agravo Regimental no Agravo no Recurso Especial 984.920 BA, data de julgamento: 21/08/2017, data de publicação: 30/08/2017d, 6ª Turma. **Diário da Justiça Eletrônico**, Brasília, DF. Disponível em: <https://stj.jusbrasil.com.br/jurisprudencia/505035987/agravo-regimental-no-agravo-em-recurso-especial-agrg-no-aresp-984920-ba-2016-0246006-8/relatorio-e-voto-505036024?ref=serp>. Acesso em: 20 nov. 2020.

BRASIL. Superior Tribunal de Justiça. Agravo Regimental no Agravo em Recurso Especial 1.216.126 MG, data de julgamento: 21/08/2018, data de publicação: 03/09/2018e, 6ª Turma. Relator: Min. Nefi Cordeiro. **Diário da Justiça Eletrônico**, Brasília, DF. Disponível em: <https://stj.jusbrasil.com.br/jurisprudencia/631932228/agravo-regimental-no-agravo-em-recurso-especial-agrg-no-aresp-1216126-mg-2017-0315996-2>. Acesso em: 20 nov. 2020.

BRASIL. Superior Tribunal de Justiça. Agravo Regimental no Inquérito 1.093 DF, data de julgamento: 06/09/2017, data de publicação: 13/09/2017e, Corte Especial. Relatora: Min. Nancy Andrighi. **Diário da Justiça Eletrônico**, Brasília, DF. Disponível em: <https://stj.jusbrasil.com.br/jurisprudencia/498966246/agravo-regimental-no-inquerito-agrg-no-inq-1093-df-2016-0016799-9/inteiro-teor-498966254>. Acesso em: 20 nov. 2020.

BRASIL. Superior Tribunal de Justiça. Agravo Regimental no Recurso Especial 1.533.488 PB, data de julgamento: 12/12/2018, data de publicação: 03/02/2019e, 6ª Turma. Relator: Min. Rogerio Schietti Cruz. **Diário da Justiça Eletrônico**, Brasília, DF. Disponível em: <https://stj.jusbrasil.com.br/jurisprudencia/672694308/agravo-regimental-no-recurso-especial-agrg-no-resp-1533488-pb-2015-0121566-6>. Acesso em: 20 nov. 2020.

BRASIL. Superior Tribunal de Justiça. Agravo Regimental no Recurso Especial 1.733.440 SP, data de julgamento: 17/05/2018, data de publicação: 01/06/2018f, 5ª Turma. Relator: Min. Joel Ilan Paciornik. **Diário da Justiça Eletrônico**, Brasília, DF. Disponível em: <https://stj.jusbrasil.com.br/jurisprudencia/595921367/agravo-regimental-no-recurso-especial-agrg-no-resp-1733440-sp-2017-0272731-2/relatorio-e-voto-595921389?ref=juris-tabs>. Acesso em: 20 nov. 2020.

BRASIL. Superior Tribunal de Justiça. Agravo Regimental no Recurso Especial 1.736.709 RO, data de julgamento: 02/10/2018, data de publicação: 10/10/2018g, 5ª Turma. Relator: Min. Ribeiro Dantas. **Diário da Justiça Eletrônico**, Brasília, DF. Disponível em: <https://stj.jusbrasil.com.br/jurisprudencia/617520096/recurso-especial-resp-1736709-ro-2018-0094065-5>. Acesso em: 20 nov. 2020.

BRASIL. Superior Tribunal de Justiça. Agravo Regimental no Recurso Especial 1.750.433 RS, data de julgamento: 10/12/2018, data de publicação: 18/12/2018h, 5ª Turma. Relator: Min. Felix Fischer. **Diário da Justiça Eletrônico**, Brasília, DF. Disponível em: <https://stj.jusbrasil.com.br/jurisprudencia/647667835/recurso-especial-resp-1750433-rs-2018-0151675-3>. Acesso em: 20 nov. 2020.

BRASIL. Supremo Tribunal Federal. *Habeas Corpus* 59.967 SP, data de julgamento: 29/06/2006, data de publicação: 25/09/2006c, 6ª Turma. Relator: Min. Nilson Naves. **Diário da Justiça**, p. 316, RDR vol. 39, p. 393. Disponível em: <https://stj.jusbrasil.com.br/jurisprudencia/7142763/habeas-corpus-hc-59967-sp-2006-0115249-9/inteiro-teor-12853282>. Acesso em: 20 nov. 2020.

BRASIL. Superior Tribunal de Justiça. *Habeas Corpus* 132.750 MS, data de julgamento: 04/05/2011, data de publicação: 13/06/2011, 6ª Turma. Relator: Min. Napoleão Nunes Maia Filho. **Diário da Justiça Eletrônico**, Brasília, DF. Disponível em: <https://stj.jusbrasil.com.br/jurisprudencia/21116226/habeas-corpus-hc-132750-ms-2009-0060576-1-stj?ref=juris-tabs>. Acesso em: 20 nov. 2020.

BRASIL. Superior Tribunal de Justiça. *Habeas Corpus* 143.323 RJ, data de julgamento: 29/10/2009, data de publicação: 07/12/2009a, 5ª Turma. Relator: Min. Felix Fischer. **Diário da Justiça Eletrônico** (DJe), Brasília, DF. Disponível em: <https://stj.jusbrasil.com.br/jurisprudencia/6237558/habeas-corpus-hc-143323-rj-2009-0145926-9-stj>. Acesso em: 21 ago. 2020.

BRASIL. Superior Tribunal de Justiça. *Habeas Corpus* 276.897 RS, data de julgamento: 08/08/2017, data de publicação: 16/08/2017f, 6ª Turma. Relator: Min. Rogerio Schietti Cruz. **Diário da Justiça Eletrônico**, Brasília, DF. Disponível em: <https://stj.jusbrasil.com.br/jurisprudencia/860709731/habeas-corpus-hc-276897-rs-2013-0298699-6/inteiro-teor-860709741?ref=juris-tabs>. Acesso em: 20 nov. 2020.

BRASIL. Superior Tribunal de Justiça. *Habeas Corpus* 277.561 AL, data de julgamento: 06/11/2014, data de publicação: 13/11/2014c, 5ª **Turma. Relator: Min.** Jorge Mussi. **Diário da Justiça Eletrônico**, Brasília, DF. Disponível em: <https://stj.jusbrasil.com.br/jurisprudencia/153676127/habeas-corpus-hc-277561-al-2013-0316886-6/relatorio-e-voto-153676146>. Acesso em: 20 nov. 2020.

BRASIL. Superior Tribunal de Justiça. *Habeas Corpus* 354.800 AP, data de julgamento: 19/09/2017, data de publicação: 26/09/2017g, 5ª Turma. Relator: Min. Reynaldo Soares da Fonseca. **Portal Justiça**, Brasília, DF. Disponível em: <https://www.portaljustica.com.br/acordao/2071146>. Acesso em: 20 nov. 2020.

BRASIL. Superior Tribunal de Justiça. *Habeas Corpus* 357.885 SP, data de julgamento: 23/08/2016, data de publicação: 31/08/2016b, 5ª Turma. Relator: Min. Jorge Mussi. **Diário da Justiça Eletrônico**, Brasília, DF. Disponível em: <https://stj.jusbrasil.com.br/jurisprudencia/862793750/habeas-corpus-hc-357885-sp-2016-0142719-7/inteiro-teor-862793767?ref=juris-tabs>. Acesso em: 20 nov. 2020.

BRASIL. Superior Tribunal de Justiça. *Habeas Corpus* 384.302 TO, data de julgamento: 01/06/2017, data de publicação: 09/06/2017h, 5ª Turma. Relator: Min. Ribeiro Dantas. **Diário da Justiça Eletrônico**, Brasília, DF. Disponível em: <https://stj.jusbrasil.com.br/jurisprudencia/471977078/habeas-corpus-hc-384302-to-2016-0338185-5/certidao-de-julgamento-471977103?ref=juris-tabs>. Acesso em: 20 nov. 2020.

BRASIL. Superior Tribunal de Justiça. Inquérito 4.141 DF, data de julgamento: 18/02/2019f, 1ª Turma. Relator: Min. Roberto Barroso. **Diário da Justiça Eletrônico**, Brasília, DF. Disponível em: <https://stf.jusbrasil.com.br/jurisprudencia/678454184/inquerito-inq-4141-df-distrito-federal?ref=serp>. Acesso em: 20 nov. 2020.

BRASIL. Superior Tribunal de Justiça. Recurso em *Habeas Corpus* 18.116 SP, data de julgamento: 16/02/2006, data de publicação: 06/03/2006d, 6ª Turma. Relator: Min. Hélio Quaglia Barbosa. **Diário da Justiça**, p. 443, RSTJ vol. 201 p. 636, Brasília, DF. Disponível em: <https://stj.jusbrasil.com.br/jurisprudencia/55085/recurso-ordinario-em-habeas-corpus-rhc-18116-sp-2005-0120859-5>. Acesso em: 20 nov. 2020.

BRASIL. Superior Tribunal de Justiça. Recurso em *Habeas Corpus* 50.470 ES, data de julgamento: 17/09/2015, data de publicação: 06/10/2015a, 5ª Turma. Relator: Min. Gurgel de Faria. **Diário da Justiça Eletrônico**, Brasília, DF. Disponível em: <https://ww2.stj.jus.br/processo/revista/documento/mediado/?componente=ITA&sequencial=1444141&num_registro=201402018420&data=20151006&formato=PDF>. Acesso em: 20 nov. 2020.

BRASIL. Superior Tribunal de Justiça. Recurso em *Habeas Corpus* 60.611 DF, data de publicação: 24/06/2015b. Relator: Min. Rogerio Schietti Cruz. **Diário da Justiça Eletrônico**, Brasília, DF. Disponível em: <https://stj.jusbrasil.com.br/jurisprudencia/201880211/recurso-em-habeas-corpus-rhc-60611-df-2015-0141323-3>. Acesso em: 20 nov. 2020.

BRASIL. Superior Tribunal de Justiça. Recurso em *Habeas Corpus* 61.207 PR, data de julgamento: 24/09/2018, data de publicação: 07/10/2018i, 5ª Turma. Relator: Min. Joel Ilan Paciornik. **Diário da Justiça Eletrônico**, Brasília, DF. Disponível em: <https://ww2.stj.jus.br/processo/revista/inteiroteor/?num_registro=201501575835&dt_publicacao=08/10/2018>. Acesso em: 20 nov. 2020.

BRASIL. Superior Tribunal de Justiça. Recurso Especial 884.057 RS, data de julgamento: 10/05/2007, data de publicação: 29/06/2007a, 5ª Turma. Relator: Min. Gilson Dipp. **Diário da Justiça Eletrônico**, Brasília, DF. Disponível em: <https://stj.jusbrasil.com.br/jurisprudencia/16924/recurso-especial-resp-884057-rs-2006-0195453-6/inteiro-teor-100026238?ref=juris-tabs>. Acesso em: 20 nov. 2020.

BRASIL. Superior Tribunal de Justiça. Recurso Especial 1.239.850 DF, data de julgamento: 16/02/2012, data de publicação: 05/03/2012b, 5ª Turma. Relatora: Min. Laurita Vaz. **Diário da Justiça Eletrônico**, Brasília, DF. Disponível em: <https://stj.jusbrasil.com.br/jurisprudencia/21355164/recurso-especial-resp-1239850-df-2011-0040849-0-stj/inteiro-teor-21355165?ref=juris-tabs>. Acesso em: 20 nov. 2020.

BRASIL. Superior Tribunal de Justiça. Recurso Especial 1.367.650 RS, data de julgamento: 22/08/2016, data de publicação: 07/09/2016c, 6ª Turma. Relator: Min. Sebastião Reis Júnior. **Diário de Justiça Eletrônico**, Brasília, DF. Disponível em: <https://stj.jusbrasil.com.br/jurisprudencia/387024242/recurso-especial-resp-1367650-rs-2013-0039368-5/inteiro-teor-387024262/amp>. Acesso em: 20 nov. 2020.

BRASIL. Superior Tribunal de Justiça. Recurso Especial 1.377.513 DF, data de julgamento: 14/02/2017, data de publicação: 23/02/2017i, 6ª Turma. Relator: Min. Rogerio Schietti Cruz. **Diário da Justiça Eletrônico**, Brasília, DF. Disponível em: <https://stj.jusbrasil.com.br/jurisprudencia/443441728/recurso-especial-resp-1377513-df-2013-0125994-0/inteiro-teor-443441738?ref=juris-tabs>. Acesso em: 20 nov. 2020.

BRASIL. Superior Tribunal de Justiça. Recurso Especial 1.406.612 RS, data de publicação: 02/08/2017j. Relator: Min. Felix Fischer. **Diário de Justiça Eletrônico**, Brasília, DF. Disponível em: <https://stj.jusbrasil.com.br/jurisprudencia/485081483/recu so-especial-resp-1406612-rs-2013-0326038-6>. Acesso em: 20 nov. 2020.

BRASIL. Superior Tribunal de Justiça. Recurso Especial 1.575.406 SP 2015/0323304-6, data de julgamento: 21/08/2017, data de publicação: 30/08/2017k, 6ª Turma. Relator: Min. Rogerio Schietti Cruz. **Diário da Justiça Eletrônico**, Brasília, DF. Disponível em: <https://stj.jusbrasil.com.br/jurisprudencia/505054824/recurso-especial-resp-1575406-sp-2015-0323304-6>. Acesso em: 20 nov. 2020.

BRASIL. Superior Tribunal de Justiça. Recurso Especial 1.580.470 PA, data de julgamento: 20/08/2018, data de publicação: 03/09/2018j, 6ª Turma. Relator: Min. Rogerio Schietti Cruz. **Diário da Justiça Eletrônico**, Brasília, DF. Disponível em: <https://stj.jusbrasil.com.br/jurisprudencia/631932662/recurso-especial-resp-1580470-pa-2016-0026875-4/inteiro-teor-631932671>. Acesso em: 20 nov. 2020.

BRASIL. Superior Tribunal de Justiça. Recurso Especial 1.582.693 PR, data de julgamento: 27/11/2017, data de publicação: 03/12/2017l, 6ª Turma. Relator: Min. Rogerio Schietti Cruz. **Diário da Justiça Eletrônico**, Brasília, DF. Disponível em: <https://stj.jusbrasil.com.br/jurisprudencia/533897406/recurso-especial-resp-1582693-pr-2016-0050982-3/relatorio-e-voto-533897430?ref=serp>. Acesso em: 20 nov. 2020.

BRASIL. Superior Tribunal de Justiça. Recurso Especial 1.623.985 SP, data de julgamento: 16/05/2018, data de publicação: 05/06/2018k, 6ª Turma. Relator: Min. Nefi Cordeiro. **Diário de Justiça Eletrônico**, Brasília, DF. Disponível em: <https://stj.jusbrasil.com.br/jurisprudencia/595922908/recurso-especial-resp-1623985-sp-2016-0232734-9/inteiro-teor-595922918>. Acesso em: 20 nov. 2020.

BRASIL. Superior Tribunal de Justiça. Recurso Especial 1.638.060 RS, data de julgamento: 03/05/2018, data de publicação: 11/05/2018l, 6ª Turma. Relator: Min. Sebastião Reis Júnior. **Portal Justiça**, Brasília, DF. Disponível em: <http://portaljustica.com.br/acordao/2110931>. Acesso em: 20 nov. 2020.

BRASIL. Superior Tribunal de Justiça. Recurso Especial 1.727.266 SC, data de julgamento: 05/06/2018, data de publicação: 15/06/2018m, 5ª Turma. Relator: Min. Jorge Mussi. **Diário da Justiça Eletrônico**, Brasília, DF. Disponível em: <https://stj.jusbrasil.com.br/jurisprudencia/595914873/recurso-especial-resp-1727266-sc-2018-0045933-8>. Acesso em: 20 nov. 2020.

BRASIL. Superior Tribunal de Justiça. Recurso Especial 1.734.808 SP, data de julgamento: 23/10/2018, data de publicação: 29/10/2018n, 5ª Turma. Relator: Min. Jorge Mussi. **Diário da Justiça Eletrônico**, Brasília, DF. Disponível em: <https://stj.jusbrasil.com.br/jurisprudencia/652067200/recurso-especial-resp-1734808-sp-2018-0082866-1/relatorio-e-voto-652067226>. Acesso em: 20 nov. 2020.

BRASIL. Superior Tribunal de Justiça. Recurso Especial 1.738.264 DF, data de julgamento: 22/08/2018, data de publicação: 13/09/2018o, 6ª Turma. Relator: Min. Sebastião Reis Júnior. **Diário da Justiça Eletrônico**, Brasília, DF. Disponível em: <https://stj.jusbrasil.com.br/jurisprudencia/625798775/recurso-especial-resp-1738264-df-2015-0140110-3/inteiro-teor-625798779>. Acesso em: 20 nov. 2020.

BRASIL. Superior Tribunal de Justiça. Recurso Ordinário em *Habeas Corpus* 34.035 AL, data de julgamento: 05/11/2013, data de publicação: 25/11/2013b, 6ª Turma. Relator: Min. Sebastião Reis Júnior. **Diário da Justiça Eletrônico** (DJe), Brasília, DF. Disponível em: <https://stj.jusbrasil.com.br/jurisprudencia/24711532/recurso-ordinario-em-habeas-corpus-rhc-34035-al-2012-0213979-8-stj/inteiro-teor-24711533>. Acesso em: 20 nov. 2020.

BRASIL. Superior Tribunal de Justiça. Recurso Ordinário em *Habeas Corpus* 35.920 DF, data de julgamento: 20/05/2014, data de publicação: 29/05/2014d, 6ª Turma. Relator: Min. Rogerio Schietti Cruz. **Diário da Justiça Eletrônico**, Brasília, DF. Disponível em: <https://stj.jusbrasil.com.br/jurisprudencia/25099708/recurso-ordinario-em-habeas-corpus-rhc-35920-df-2013-0056436-8-stj/inteiro-teor-25099709>. Acesso em: 20 nov. 2020.

BRASIL. Superior Tribunal de Justiça. Recurso Ordinário em *Habeas Corpus* 43.927 RS, data de julgamento: 28/04/2015, data de publicação: 07/05/2015c, 6ª Turma. Relator: Min. Rogerio Schietti Cruz. **Diário da Justiça Eletrônico**, Brasília, DF. Disponível em: <https://stj.jusbrasil.com.br/jurisprudencia/186358968/recurso-ordinario-em-habeas-corpus-rhc-43927-rs-2013-0418922-1>. Acesso em: 20 nov. 2020.

BRASIL. Superior Tribunal de Justiça. Recurso Ordinário em *Habeas Corpus* 54.080 PA, data de julgamento: 12/02/2015, data de publicação: 25/02/2015d, 6ª Turma. Relatora: Maria Thereza de Assis Moura. **Diário de Justiça Eletrônico**, Brasília, DF. Disponível em: <https://stj.jusbrasil.com.br/jurisprudencia/178148842/recurso-ordinario-em-habeas-corpus-rhc-54080-pa-2014-0315642-5/relatorio-e-voto-178148866>. Acesso em: 20 nov. 2020.

BRASIL. Superior Tribunal de Justiça. Recurso Ordinário em *Habeas Corpus* 70.141 RJ, data de julgamento: 07/02/2017, data de publicação: 16/02/2017m. Relator: Min. Rogerio Schietti Cruz. **Diário da Justiça Eletrônico**, Brasília, DF. Disponível em: <https://stj.jusbrasil.com.br/jurisprudencia/433485087/recurso-ordinario-em-habeas-corpus-rhc-70141-rj-2016-0110354-5/inteiro-teor-433485097>. Acesso em: 20 nov. 2020.

BRASIL. Superior Tribunal de Justiça. Recurso Ordinário em *Habeas Corpus* 72.016 PR, data de julgamento: 16/02/2017, data de publicação: 02/03/2017n, 6ª Turma. Relator: Min. Sebastião Reis Júnior. **Diário da Justiça Eletrônico**, Brasília, DF. Disponível em: <https://stj.jusbrasil.com.br/jurisprudencia/443386294/recurso-ordinario-em-habeas-corpus-rhc-72016-pr-2016-0152720-8>. Acesso em: 20 nov. 2020.

BRASIL. Superior Tribunal de Justiça. Recurso Ordinário em *Habeas Corpus* 73.498 DF, data de julgamento: 13/08/2018, data de publicação: 22/08/2018p, 6ª Turma. Relator: Min. Nefi Cordeiro. **Diário da Justiça Eletrônico**, Brasília, DF. Disponível em: <https://stj.jusbrasil.com.br/jurisprudencia/860215861/recurso-ordinario-em-habeas-corpus-rhc-73498-df-2016-0190353-4/inteiro-teor-860215871?ref=serp>. Acesso em: 20 nov. 2020.

BRASIL. Superior Tribunal de Justiça. Recurso Ordinário em Mandado de Segurança 33.677 SP, data de julgamento: 27/05/2014, data de publicação: 03/06/2014e, 5ª Turma. Relatora: Min. Laurita Vaz. **Diário da Justiça Eletrônico**, Brasília, DF. Disponível em: <https://stj.jusbrasil.com.br/jurisprudencia/25107120/recurso-ordinario-em-mandado-de-seguranca-rms-33677-sp-2011-0025135-8-stj/inteiro-teor-25107121>. Acesso em: 20 nov. 2020.

BRASIL. Superior Tribunal de Justiça. Súmula n. 90. **Revista do Superior Tribunal de Justiça**, Brasília, DF, ano 4, n. 6, p. 309-332, fev. 2010b. Disponível em: <https://ww2.stj.jus.br/docs_internet/revista/eletronica/stj-revista-sumulas-2009_6_capSumula90.pdf>. Acesso em: 15 nov. 2020.

BRASIL. Superior Tribunal de Justiça. Súmula n. 600, data de julgamento: 22/11/2017, data de publicação: 27/11/2017o. **Diário da Justiça Eletrônico**, Brasília, DF. Disponível em: <https://scon.stj.jus.br/SCON/sumanot/toc.jsp?livre=(sumula%20adj1%20%27600%27).sub.>. Acesso em: 20 nov. 2020.

BRASIL. Supremo Tribunal Federal. Ação Penal 917 MS, data de julgamento: 06/06/2016, data de publicação: 24/10/2017p, 2ª Turma. Relatora: Min. Cármen Lúcia. **Diário de Justiça Eletrônico**, Brasília, DF. Disponível em: <https://stf.jusbrasil.com.br/jurisprudencia/772381425/ acao-penal-ap-917-ms-mato-grosso-do-sul-0000050-1520151000000?ref=serp>. Acesso em: 20 nov. 2020.

BRASIL. Supremo Tribunal Federal. Agravo Regimental no Agravo de Instrumento 578.858-9 RS, data de publicação: 04/08/2009b, 2ª Turma. Relatora: Min. Ellen Gracie. Brasília, DF.

BRASIL. Supremo Tribunal Federal. Agravo Regimental no Recurso Extraordinário com Agravo 953.446 MG, data de julgamento: 28/06/2018, data de publicação: 23/08/2018q, 2ª Turma. Relator Min. Dias Toffoli. **Diário de Justiça Eletrônico**, Brasília, DF. Disponível em: < https://stf.jusbrasil.com.br/jurisprudencia/768160747/agreg-no-recurso-extraordinario-com-agravo-agr-are-953446-mg-minas-gerais-0051316-5020114013800/inteiro-teor-768160757?ref=feed>. Acesso em: 20 nov. 2020.

BRASIL. Supremo Tribunal Federal. Agravo Regimental no Recurso Extraordinário com Agravo 1.009.844 SP, data de julgamento: 10/09/2017, data de publicação: 20/09/2017q, 2ª Turma. Relator: Min. Edson Fachin. **Diário de Justiça Eletrônico**, Brasília, DF. Disponível em: <http://redir.stf.jus.br/paginadorpub/paginador.jsp?docTP=TP&docID=13641336>. Acesso em: 20 nov. 2020.

BRASIL. Supremo Tribunal Federal. Habeas Corpus 70.389 SP, data de julgamento: 23/06/1994, data de publicação: 10/08/2001b, Tribunal Pleno. Relator: Min. Sydney Sanches. **Diário de Justiça**, p. 3, Ement. v. 2038, p. 186, Brasília, DF. Disponível em: <https://stf.jusbrasil.com.br/jurisprudencia/14705814/ habeas-corpus-hc-70389-sp?ref=juris-tabs>. Acesso em: 20 nov. 2020.

BRASIL. Supremo Tribunal Federal. Habeas Corpus 82.424 RS, data de julgamento: 17/09/2003, data de publicação: 19/03/2004, Tribunal Pleno. Relator: Moreira Alves. **Diário de Justiça Eletrônico**, Brasília, DF. Disponível em: <https://stf.jusbrasil.com.br/jurisprudencia/770347/habeas-corpus-hc-82424-rs#:~:text=Ra%C3%A7a%20e%20racismo.,discrimina%C3%A7%C3%A3o%20e%20o%20preconceito%20segregacionista>. Acesso em: 20 nov. 2020.

BRASIL. Supremo Tribunal Federal. Informativo STF n. 465. 27 abr. 2007b. **Diário da Justiça da União**, Brasília, DF. Disponível em: <http://www.stf.jus.br/arquivo/informativo/documento/informativo465.htm>. Acesso em: 20 nov. 2020.

BRASIL. Supremo Tribunal Federal. Inquérito 4.694 DF, data de julgamento: 11/09/2018r, 1ª Turma. Relator: Min. Marco Aurélio. **Diário de Justiça Eletrônico**, Brasília, DF. Disponível em: <https://stf.jusbrasil.com.br/jurisprudencia/768164396/inquerito-inq-4694-df-distrito-federal-0016317-5720181000000/inteiro-teor-768164398>. Acesso em: 20 nov. 2020.

BRASIL. Supremo Tribunal Federal. Inquérito 4.696 DF, data de julgamento: 14/08/2018s, 2ª Turma. Relator: Min. Gilmar Mendes. **Diário de Justiça Eletrônico**, Brasília, DF. Disponível em: <https://stf.jusbrasil.com.br/jurisprudencia/768162352/inquerito-inq-4696-df-distrito-federal-0069178-2020181000000/inteiro-teor-768162362>. Acesso em: 20 nov. 2020.

BRASIL. Supremo Tribunal Federal. Recurso Extraordinário 548.181 PR, data de julgamento: 06/08/2013c, 1ª Turma. Relatora: Min. Rosa Weber. **Diário da Justiça Eletrônico**, Brasília, DF. Disponível em: <http://redir.stf.jus.br/paginadorpub/paginador.jsp?docTP=TP&docID=7087018>. Acesso em: 20 nov. 2020.

BRASIL. Supremo Tribunal Federal. Recurso Ordinário em Habeas Corpus 163.334 SC. Relator: Min. Roberto Barroso. **Diário de Justiça Eletrônico**, Brasília, DF. Disponível em: <http://www.stf.jus.br/arquivo/cms/bibliotecaConsultaProdutoBibliotecaPastaFachin/anexo/RHC163334.pdf>. Acesso em: 20 nov. 2020.

BRASIL. Supremo Tribunal Federal. Repercussão Geral no Recurso Extraordinário com Agravo 1.052.700 MG. Relator: Min. Edson Fachin. **Diário de Justiça Eletrônico**, Brasília, DF. 2 nov. 2017r. Disponível em: <http://stf.jus.br/portal/processo/verProcessoPeca.asp?id=313601394&tipoApp=.pdf>. Acesso em: 20 nov. 2020.

BRASIL. Supremo Tribunal Federal. **Súmula Vinculante 24**. 11 dez. 2009c. Disponível em: <http://www.stf.jus.br/portal/jurisprudencia/menuSumario.asp?sumula=1265>. Acesso em: 20 nov. 2020.

BRASIL. Supremo Tribunal Federal. **Súmula Vinculante 26**. 23 dez. 2009d. Disponível em: <http://www.stf.jus.br/portal/jurisprudencia/menuSumario.asp?sumula=1271>. Acesso em: 20 nov. 2020.

BRASIL. Supremo Tribunal Federal. **Súmula Vinculante 49**. 26 jun. 2015e. Disponível em: <http://www.stf.jus.br/portal/jurisprudencia/menuSumario.asp?sumula=2506>. Acesso em: 20 nov. 2020.

BRASIL. Supremo Tribunal Federal. **Súmula Vinculante n. 11**. 22 ago. 2008b. Disponível em: <http://www.stf.jus.br/portal/jurisprudencia/menuSumario.asp?sumula=1220>. Acesso em: 20 nov. 2020.

BRASIL. Tribunal de Justiça do Distrito Federal e Territórios, DF. Processo n. 0720718-78.2018.8.07.0000, data de julgamento: 05/12/2018, data de publicação: 10/12/2018t, 2ª Turma Criminal. Relator: Des. Jair Soares. **JusBrasil**, Brasília, DF. Disponível em: <https://www.jusbrasil.com.br/processos/212174370/processo-n-0720718-7820188070000-do-tjdf>. Acesso em: 20 nov. 2020.

BRASIL. Tribunal Regional Federal da 4ª Região. Apelação Criminal 5000174-45.2015.4.04.7017, data de julgamento: 14/03/2018u, 8ª Turma. Relator: Des. Leandro Paulsen. **Diário da Justiça Eletrônico**, Brasília, DF. Disponível em: <https://trf-4.jusbrasil.com.br/jurisprudencia/562299467/apelacao-criminal-acr-5000174 4520154047017-pr-5000174-4520154047017?ref=amp>. Acesso em: 20 nov. 2020.

BRASIL. Tribunal Regional Federal da 4ª Região. Apelação Criminal 5000830-02.2015.4.04.7017 PR, data de julgamento: 17/07/2017, data de publicação: 17/07/2017s, 7ª Turma. Relator: Gerson Luiz Rocha. **Diário da Justiça Eletrônico**, Brasília, DF. Disponível em: <https://trf-4.jusbrasil.com.br/jurisprudencia/479488700/apelacao-criminal-acr-50008300220154047017-pr-5000830-0220154047017/inteiro-teor-479488735?ref=serp>. Acesso em: 20 nov. 2020.

BRASIL. Tribunal Regional Federal da 4ª Região. Apelação Criminal 5001449-19.2016.4.04.7009, data de julgamento: 21/02/2018, data de publicação: 21/02/2018v, 8ª Turma. Relator: Des. João Pedro Gebran Neto. **Diário da Justiça Eletrônico**, Brasília, DF. Disponível em: <https://trf-4.jusbrasil.com.br/jurisprudencia/548709109/apelacao-criminal-acr-50014491920164047009-pr-5001449-1920164 047009/inteiro-teor-548709163>. Acesso em: 20 nov. 2020.

BRASIL. Tribunal Regional Federal da 4ª Região. Apelação Criminal 5003238-66.2015.4.04.7210, data de julgamento: 01/05/2018, data de publicação: 01/05/2018w, 8ª Turma. Relator: Des. João Pedro Gebran Neto. **Diário da Justiça Eletrônico**, Brasília, DF. Disponível em: <https://trf-4.jusbrasil.com.br/jurisprudencia/574453546/apelacao-criminal-acr-50032386620154047210-sc-5003238-6620154047210>. Acesso em: 20 nov. 2020.

BRASIL. Tribunal Regional Federal da 4ª Região. Apelação Criminal 5003297-59.2012.4.04.7210, data de julgamento: 22/03/2017t, 8ª Turma. Relator: Des. Leandro Paulsen. **Diário da Justiça Eletrônico**, Brasília, DF. Disponível em: <https://trf-4.jusbrasil.com.br/jurisprudencia/443787080/apelacao-criminal-acr-50032975920124047210-sc-5003297-5920124047210/inteiro-teor-443787125>. Acesso em: 25 ago. 2020.

BRASIL. Tribunal Regional Federal da 4ª Região. Apelação Criminal 5006516-51.2014.4.04.7003, data de julgamento: 22/11/2016d, 7ª Turma. Relator: Des. Sebastião Ogê Muniz. **Diário da Justiça Eletrônico**, Brasília, DF. Disponível em: <https://trf-4.jusbrasil.com.br/jurisprudencia/408699367/apelacao-criminal-acr-50065165120144047003-pr-5006516-5120144047003/inteiro-teor-408699486>. Acesso em: 20 nov. 2020.

BRASIL. Tribunal Regional Federal da 4ª Região. Apelação Criminal 5007459-37.2015.4.04.7002, data de julgamento: 28/11/2016, data de publicação: 28/11/2016e, 7ª Turma. Relatora: Des. Cláudia Cristina Cristofani. **Diário da Justiça Eletrônico**, Brasília, DF. Disponível em: <https://trf-4.jusbrasil.com.br/jurisprudencia/902307419/apelacao-criminal-acr-50074593720154047002-pr-5007459-3720154047002/inteiro-teor-902307551?ref=juris-tabs>. Acesso em: 20 nov. 2020.

BRASIL. Tribunal Regional Federal da 4ª Região. Apelação Criminal 5011063-91.2015.4.04.7200, data de julgamento: 01/05/2018, data de publicação: 01/05/2018x, 8ª Turma. Relator: Des. João Pedro Gebran Neto.

BRASIL. Tribunal Regional Federal da 4ª Região. Apelação Criminal 5013925-52.2012.4.04.7002, data de julgamento: 26/08/2015f, 8ª Turma. Relator: Des. João Pedro Gebran Neto. **Diário da Justiça Eletrônico**, Brasília, DF. Disponível em: <https://trf-4.jusbrasil.com.br/jurisprudencia/225586589/apelacao-criminal-acr-50139255220124047002-pr-5013925-5220124047002/inteiro-teor-225586605>. Acesso em: 20 nov. 2020.

BRASIL. Tribunal Regional Federal da 4ª Região. Apelação Criminal 5017347-36.2015.4.04.7000, data de julgamento: 09/10/2017, data de publicação: 09/10/2017u, 7ª Turma. Relator: Des. Márcio Antônio Rocha. **Diário da Justiça Eletrônico**, Brasília, DF. Disponível em: <https://trf-4.jusbrasil.com.br/jurisprudencia/548709609/embargos-de-declaracao-em-apelacao-criminal-ed-50173473620154047000-pr-5017347-3620154047000/inteiro-teor-548709689>. Acesso em: 20 nov. 2020.

BRASIL. Tribunal Regional Federal da 4ª Região. Apelação Cível 5021809-56.2017.4.04.7100, data de julgamento: 23/10/2018, data da publicação: 23/10/2018y, 3ª Turma. Relator: Des. Rogerio Favreto. **Diário da Justiça Eletrônico**, Brasília, DF. Disponível em: <https://trf-4.jusbrasil.com.br/jurisprudencia/642263850/apelacao-civel-ac-50218095620174047100-rs-5021809-5620174047100>. Acesso em: 20 nov. 2020.

BRASIL. Tribunal Regional Federal da 4ª Região. Apelação Criminal 5024827-27.2013.4.04.7100, data de julgamento: 03/07/2018, data de publicação: 04/07/2018z, 8ª Turma. Relator: Des. Leandro Paulsen. **Diário da Justiça Eletrônico**, Brasília, DF. Disponível em: <https://trf-4.jusbrasil.com.br/jurisprudencia/885895542/apelacao-criminal-acr-50248272720134047100-rs-5024827-2720134047100?ref=serp>. Acesso em: 20 nov. 2020.

BRASIL. Tribunal Regional Federal da 4ª Região. Apelação Criminal 5046863-67.2016.4.04.7000, data de julgamento: 19/06/2018a2, 7ª Turma. Relator: Márcio Antônio Rocha. **Diário da Justiça Eletrônico**, Brasília, DF. Disponível em: <https://trf-4.jusbrasil.com.br/jurisprudencia/612016868/apelacao-criminal-acr-50468636720164047000-pr-5046863-6720164047000/inteiro-teor-612016899>. Acesso em: 20 nov.o. 2020.

BRASIL. Tribunal Regional Federal da 4ª Região. Embargos Infringentes e de Nulidade 5061578-51.2015.4.04.7000, data de julgamento: 16/05/2019g, 4ª Seção. Relatora: Des. Cláudia Cristina Cristofani. **Diário da Justiça Eletrônico**, Brasília, DF. Disponível em: <https://trf-4.jusbrasil.com.br/jurisprudencia/710067585/embargos-infringentes-e-de-nulidade-enul-50615785120154047000-pr-5061578-5120154047000>. Acesso em: 20 nov. 2020.

BRASIL. Tribunal Regional Federal da 4ª Região. Embargos Infringentes e de Nulidade 51.2015.4.04.7000 PR, data de julgamento: 13/12/2018b2, 4ª Seção. Relator: Revisor. **Diário da Justiça Eletrônico** (DJe), Brasília, DF. Disponível em: <https://trf-4.jusbrasil.com.br/jurisprudencia/660623586/embargos-infringentes-e-de-nulidade-enul-50615785120154047000-pr-5061578-5120154047000/inteiro-teor-660623644>. Acesso em: 20 nov. 2020.

BRASIL. Tribunal Regional Federal da 4ª Região. Habeas Corpus 5047851-68.2018.4.04.0000, data de julgamento: 22/01/2019h, 7ª Turma. Relator: Des. Luiz Carlos Canalli. **Diário da Justiça Eletrônico**, Brasília, DF. Disponível em: <https://trf-4.jusbrasil.com.br/jurisprudencia/667293240/habeas-corpus-hc-50478516820184040000-5047851-6820184040000/inteiro-teor-667293285>. Acesso em: 20 nov. 2020.

BRASIL. Tribunal Regional Federal da 4ª Região. Recurso Criminal em Sentido Estrito 5053128-22.2015.4.04.7000, data de julgamento: 07/08/2018c2, 7ª Turma. Relator: Des. Nivaldo Brunoni. **Diário da Justiça Eletrônico**, Brasília, DF. Disponível em: <https://trf-4.jusbrasil.com.br/jurisprudencia/610858702/recurso-criminal-em-sentido-estrito-rccr-50531282220154047000-pr-5053128-2220154047000/inteiro-teor-610858777?ref=serp>. Acesso em: 20 nov. 2020.

BRITO, A. C. de. **Execução penal**. 5. ed. São Paulo: Saraiva, 2019.

BRUNO, A. **Das penas**. 4. ed. Rio de Janeiro: Rio, 1976.

BUSATO, P. C. **Fundamentos para um direito penal democrático**. 4. ed. São Paulo: Atlas, 2013.

BUSATO, P. C. Tribunal Penal Internacional e a expansão do Direito Penal. **Revista dos Tribunais**, São Paulo, v. 809/2003, p. 421-437, mar. 2003.

BUSATO, P. C. **Direito penal**: parte geral. 3. ed. São Paulo: Atlas, 2017.

BUSATO, P. C.; GRECO, L. (Org.). **Responsabilidade penal de pessoas jurídicas**: anais do III Seminário Brasil-Alemanha. São Paulo: Tirant lo Blanch, 2020.

CADE – Conselho Administrativo de Defesa Econômica. **Cartilha do Cade**. Maio 2016. Disponível em: <http://www.cade.gov.br/acesso-a-informacao/publicacoes-institucionais/cartilha-do-cade.pdf>. Acesso em: 20 nov. 2020.

CALLEGARI, A. L.; WEBER, A. B. **Lavagem de dinheiro**. São Paulo: Atlas, 2014.

CARVALHO, S. de. **A política criminal de drogas no Brasil**: estudo criminológico e dogmático da Lei 11.343/06. 8. ed. rev. e atual. São Paulo: Saraiva, 2016.

CARVALHO, S. de. **Penas e medidas de segurança no direito penal brasileiro**: fundamentos e aplicação judicial. São Paulo: Saraiva, 2013.

COSTA, R. de C. **Bem jurídico penal, breves comentários**. 13 out. 2016. Disponível em: <https://conteudojuridico.com.br/consulta/Artigos/47655/bem-juridico-penal-breves-comentarios>. Acesso em: 20 nov. 2020.

CUNHA, R. S. **Pacote anticrime**: Lei 13.964/2019 - comentários às alterações do CP, CPP e LEP. Salvador: Juspodivm, 2020.

DISSENHA, R. C.; FREITAS, A. E. de P. A evolução do conceito de genocídio: uma comparação histórica à luz do direito penal internacional. **Revista Iusgentium**, v. 11, n. 6, p. 99-122, jan./jun. 2015.

DOTTI, R. A. **Curso de direito penal**: parte geral. 5. ed. São Paulo: Revista dos Tribunais, 2013.

DREYER, E. **Droit pénal général**. 4. ed. Paris: Lexis Nexis, 2016.

FAVORETTO, A. C.; MARTINS, A. P. da F. R.; KNIPPEL, E. L. **Manual esquematizado de leis penais e processuais penais**. São Paulo: Revista dos Tribunais, 2010.

FERRI, E. **Delinquente e responsabilidade penal**. São Paulo: Rideel, 2006.

FUKASSAWA, F. **Crimes de trânsito (Lei n. 9.503, de 23 de setembro de 1997, alterada até a Lei no 12.971, de 09 de maio de 2014)**. 3. ed. São Paulo: APMP - Associação Paulista do Ministério Público, 2015.

HATHAWAY, G. S. de A. **Comentários ao estatuto do idoso – Lei 10.741/2003**. Câmara dos Deputados, 2015. Disponível em <https://www2.camara.leg.br/atividade-legislativa/estudos-e-notas-tecnicas/publicacoes-da-consultoria-legislativa/areas-da-conle/tema5/2015_16124_comentarios-ao-estatuto-do-idoso_gisela-hathaway>. Acesso em: 20 nov. 2020.

LISZT, F. von. **A ideia do fim no direito penal**. São Paulo: Rideel, 2005.

MARQUES, G. A.; SILVA, I. L. M. **A nova Lei de Abuso de Autoridade**. São Paulo: Thomson Reuters Brasil, 2019.

MASSON, C.; MARÇAL, V. **Lei de Drogas**: aspectos penais e processuais. Rio de Janeiro: Forense; São Paulo: Método, 2019.

MEIRELLES, H. L. **Direito administrativo brasileiro**. 24. ed. São Paulo: Malheiros, 1999.

MELLO, C. A. B. de. **Curso de direito administrativo**. 17. ed. rev. e atual. São Paulo: Malheiros, 2004.

MIR PUIG, S. **Función de la pena y teoria del delito en el Estado social y democrático de derecho**. 2. ed. Barcelona: Bosch Casa Editorial S.A., 1982.

ONU – Organização das Nações Unidas. Assembleia Geral. **Resolução 39/46, de 10 de dezembro de 1984 – Convenção Internacional contra a Tortura e outras Penas ou Tratamentos Cruéis, Desumanos e Degradantes**. 10 dez. 1984. Disponível em: <http://pfdc.pgr.mpf.mp.br/atuacao-e-conteudos-de-apoio/legislacao/tortura/convencao_onu.pdf>. Acesso em: 20 nov. 2020.

PORTOCARRERO, C. B.; FERREIRA, W. L. P. **Leis penais extravagantes**. 4. ed. Salvador: Juspodivum, 2019.

PRADO, L. R. **Direito penal econômico**. 8. ed. Rio de Janeiro: Forense, 2019.

RAMOS, S. E. B. A lavagem de dinheiro através de paraísos fiscais como crime transnacional: a cooperação internacional para a recuperação de ativos. **Revista Jurídica da Escola Superior de Advocacia da OAB-PR**, Curitiba, ano 4, n. 2, out. 2019. Disponível em: <http://revistajuridica.esa.oabpr.org.br/wp-content/uploads/2019/10/revista-esa-10-cap-06.pdf>. Acesso em: 20 nov. 2020.

ROXIN, C. **Estudos de direito penal**. 2. ed. Tradução de Luís Greco. Rio de Janeiro: Renovar, 2008.

RUSCHE, G.; KIRCHHEIMER, O. **Punição e estrutura social**. 2. ed. Rio de Janeiro: Revan, 2004.

SANTOS, J. C. dos. **Direito penal**: parte geral. 3. ed. Rio de Janeiro: Lumen Juris, 2008.

SILVA SÁNCHEZ, J.-M. **A expansão do direito penal**: aspectos da política criminal nas sociedades pós-industriais. 3. ed. São Paulo: Revista dos Tribunais, 2013.

STF – Supremo Tribunal Federal. STF define tese que criminaliza não recolhimento intencional de ICMS. **Notícias STF**, 18 dez. 2019a. Disponível em: <http://www.stf.jus.br/portal/cms/verNoticiaDetalhe.asp?idConteudo=433114>. Acesso em: 16 nov. 2020.

STF – Supremo Tribunal Federal. Supremo recebe mais duas ações contra Lei de Abuso de Autoridade. **Notícias STF**, 14 out. 2019b. Disponível em: <http://noticias.stf.jus.br/portal/cms/verNoticiaDetalhe.asp?idConteudo=426393>. Acesso em: 16 nov. 2020.

SUNDFELD, C. A. **Licitação e contrato administrativo**. São Paulo: Malheiros, 1994.

WESSELS, J. **Direito penal.** Porto Alegre: Fabris, 1976.

Sobre o autor

Samuel Ebel Braga Ramos é advogado em Curitiba (PR), professor de Direito Penal na Faculdade de Educação Superior do Paraná (Fesp) e coordenador da especialização em Ciências Criminais na Fesp. Mestre em Direito (2019) e especialista em Gestão e Legislação Tributária (2017) pelo Centro Universitário Internacional Uninter. Tem extensão em direito penal e processual penal alemão, europeu e internacional (2016) pela Georg-August-Universität Göttingen, Alemanha.

Impressão: Forma Certa Gráfica Digital
Maio/2023

MISTO
Papel | Apoiando o manejo florestal responsável
FSC® C111076